改訂版

警察官 必須漢字

編集　警察学校教養研究会

東京法令出版

目　次

常　用　語……………………………………………… 5
主な実務・法令用語………………………………… 29
旧刑法の難読語……………………………………… 38
著名な人名…………………………………………… 45
都道府県（府県庁所在地）及び市………………… 56
山、川、湖、名所等………………………………… 64
同音異義語…………………………………………… 69
異字同訓……………………………………………… 76
反対語・対照語……………………………………… 85
四字熟語……………………………………………… 89
漢字の主な部首 …………………………………… 101
人名用漢字 ………………………………………… 105
敬語の種類と働き ………………………………… 112
二十四節気 ………………………………………… 114
十干十二支 ………………………………………… 116
主な韓国姓 ………………………………………… 117
主な中国姓 ………………………………………… 119
常用漢字表 ………………………………………… 121

常　用　語

※印は常用漢字表外の漢字

[ア]

愛称　亜鉛　悪夢　圧縮　網戸　暗殺　案内
挨拶　曖昧　悪魔　圧搾（アッサク）　力士　黒海　暗泰
愛玩　愛着　悪臭　悪癖　悪味見　宛先　案件
哀願　哀悼　曖昧　悪魔　※圧（アッ）行　脚（ギャ）　暗雲
藍色　藍染め　握手　浅瀬　圧迫　暗礁　安眠
愛情　悪意　握力　旋　※幹　安易　安住　安否

[イ]

願い　碁石　依頼　憶見　遺意　威嚇　員成　委育　安慰　圧義　威意
囲臼装　衣　維持　意匠　敬児　意思　業　偉　以
然　依位　意以　前　遺意　縮椅子　慰謝料　医者　遺産　降　識
置　厘　依頼　委胃腸　託　依　人　嘱　委　送　常
一瞬　一　委　一逸話　託　一巡　偉大　存　億　異
転　移違　命乞い　一升　一蹴　一切　一個　一喝　移
反　医療　依頼　艶　一逸　一致　一旦　一脱　一斉　一
刷　因　艶喉　命乞い　異邦　以内　違法　度　緯　意図
果族　姻印　咽員　遺語　漏食　委任　慰労　衣威　怖畏
乱淫　淫数欲　隠淫　隠食引　異用　隠居　印象　鑑印　煎り豆
院長　飲因縁　陰惨　飲酒　員淫　数欲　隠員淫　陰気　印鑑

6　常用語

[ウ]

天海　雨雲　宇宙　宇(ウ)口　内(ウ)羽　折無搬　右有運　舷釣り　右海運転　植木鉢　湯(ユ)賃

産(ウブ)湯賃　　　　　　　　　　　　運転　運

[エ]

業転利伝見(ケン)会芸焼突　営栄営駅謁(エッ)宴演延煙　営繕誉長権本芸助　影営栄駅越絵園援沿　久生雄体(エ)釈(シャク)得期周奏　永衛英液会(エ)延円演　冠俊力者食覧岸恨征　栄英泳易餌閲沿怨遠　画光法描き痴楽滑故陣分　映栄泳絵疫悦円縁円塩　遠枯敏利病冬革劇上筆　永栄鋭鋭疫越沿演炎鉛

[オ]

者盛断募上父商赦頭　王旺横応屋伯卸恩音　金診打柄(ヘイ)合病影(カゲ)厚音　黄往殴横(オウ)沖臆(オモ)面温泉温　冠応対復股地母恵人和　王召応往大奥叔恩穏　花収損妃横臆(オウ)汚音響信符　桜押凹王臆汚音染音　援応酬送凸来説職給情便　印州接転用説父楽床念　押欧応横応憶叔音温怨

［カ］

海運	絵画	改革	快活	貝殻	海岸
会議	階級	海峡	開襟	皆勤	解決
解雇	回顧	外交	戒告	外国	悔恨
解散	開始	解釈	回収	改宗	改修
楷書	会場	海水	快晴	改正	改造
快速	懐中	害虫	会談	階段	改訂
海底	快適	回転	回答	解答	該当
街頭	介入	回避	開封	開閉	介抱
開放	解剖	戒名	皆無	解明	壊滅
海洋	潰瘍	概要	壊乱	概略	回廊
会話	家屋	画家	瓦解	価格	化学
科学	鍵穴	垣根	架橋	稼業	歌曲
家具	架空	顎関節	閣議	覚悟	格差
各自	確実	隔日	各種	拡充	革新
核心	覚醒	拡張	格調	角度	格闘
獲得	楽譜	額縁（ガクブチ）	格別	確保	学問
確約	各論	賭け	掛け軸	崖下	加減
過去	下降	苛酷	禍根	火災	佳作
菓子	歌詞	河岸（カシ）	下肢	火事	鍛冶（カジ）
餓死	過失	果実	果汁	箇所	過剰
箇条	賀状	牙城	河川	加速	課題
片言	固唾（カタズ）	加担	花壇	価値	家畜
渦中	割愛	楽器	括弧	学校	喝采
活字	合宿	合唱	褐色	滑走	合致
葛藤	活動	活躍	家庭	課程	華道
稼働	加入	可能	鹿の子	画伯	河畔
華美	花瓶	株価	歌舞伎	株式	花粉
貨幣	仮面	寡黙	貨物	家紋	歌謡
我流	苛烈	過労	瓦屋根	勘案	簡易

常用語

| 気激行詩賞遂染隊庁督病冒問覧冷 | 換感敢漢観完感艦官監看感喚観寒 | 起迎行視受甘肝艦寒元勘看顔陥喚観寒 | 喚歓刊監甘肝艦寒元(カン)勘看顔陥慣例 | 喜係元察患心節臓嘆頭壁銘容涙 | 歓関還観渉感関肝感巻乾杯岸感寛感 | 轄強言具謝渉制燥単定能緩慢要僚 | 管頑甘玩感干管乾簡鑑(カン)完緩肝官 | 覚境官告字傷静全拓詰忍部没含了和 | 感環官勧漢感閑完干缶堪幹陥含完緩 | 間隔眼球間隙韓国幹事勧奨完成敢然寛大貫通館内還付願勧管関 |

[キ]

| 餓間却人形行師術丈製装喫煙途 | 飢期棄菊紀技気既擬喫煙 | 何企利き危季棋寄机既寄※几帳面笛汽 | 幾画腕惧語士宿上成贈※几帳面笛 | 化害機金属限載襲章省礎重問 | 帰危危貴期奇記奇記基貴詰 | 憶械械願曲権技汽希奇起忌(キ)吉 | 記機祈戯棄記号汽床跡節損茶 | 既往症器帰企危記儀起傷季毀喫 | 案会官郷劇候似準証牲則緊 | 起機器帰喜気疑基偽犠規喫 |

薄模待暇歯職殿明誉育器言視正嘆味可部絶理額行慎肉隣
希規虐休臼求宮究毀教凶狂凝矯驚興許局拒義金銀謹筋近
念伏上援屈状弾変与威官撃師刃兄弟恐怖力東飾類塊衡所等均近融
祈起逆救窮弓糾急寄脅教挟教凶刃恐協極虚魚金均近
内付車観極救及乳陵異恐訓済縮台迫里線曲匠論郊秋張務勤金
畿寄問客究収牛丘驚恐教共恐鏡脅郷曲巨距離議近錦止代緊
篤避問却下急救救難養囲遇啜受争敵楽限就漁記禁禁近緊
危忌疑本救急吸急救休胸境教享競強享極去漁拒裂急差金味
道盤名脚技仕増丼友悪界給授壮通有手否緊亀僅吟属密勤
軌基偽脚球給急牛級凶境供恐教強共享漁挙拒亀緊僅金勤
怒発望転覚息水道問用科脚固弱績壇諭偽室点立畿骨銭勉
喜揮希逆嗅休給旧糾器教橋凝強業教教虚居拠起近筋金勤

[ク]

欄空発偶想然空偶空区域
苦苦削串苦使駆草港画区
指屈掘焼刺痛直愚刈申具駆除

屈辱	葛湯	句点	功徳（クドク）	宮内庁	苦悩
具備	区別	愚問	供養	暗闇	苦慮
苦労	愚弄	訓育	勲功	君主	勲章
軍隊	薫陶	群発	軍備	郡部	薫風
君臨	訓練				

［ケ］

敬意	経緯	契印	軽快	警戒	形骸化
計画	景気	契機	経験	稽古	傾向
携行	蛍光灯	迎合	警告	渓谷	掲載
経済	計算	軽視	啓示	掲示	形式
傾斜	慶祝	芸術	継承	警鐘	形成
蛍雪	係争	継続	軽率	携帯	境内（ケイダイ）
傾聴	慶弔	警笛	系統	競馬	軽薄
啓発	刑罰	京阪	京浜	景品	軽蔑
継母	刑法	契約	掲揚	鶏卵	計略
渓流	競輪	経歴	外科	劇場	撃退
劇薬	激励	下戸（ゲコ）	夏至（ゲシ）	化粧	化身
下水溝	桁違い	決意	血縁	結果	決壊
結核	欠陥	結局	結構	結合	結婚
血痕	傑作	欠如	結晶	血統	月賦
欠乏	月曜	解熱（ゲネツ）	懸念	仮病（ケビョウ）	険悪
権威	原因	検閲	犬猿	嫌悪	限界
見学	厳格	幻覚	弦楽器	玄関	厳寒
嫌疑	元気	研究	謙虚	厳禁	権限
堅固	健康	原稿	検査	健在	絹糸
犬歯	堅実	現実	研修	拳銃	厳重
憲章	懸賞	肩章	献上	謙譲	減少
献身	賢人	件数	軒数	減税	源泉
舷側	謙遜	建築	顕著	県庁	限度

常用語　11

検討　健闘　剣道　厳冬　兼任　原爆
鍵盤　兼備　顕微鏡　原票　絹布　憲法
拳法　玄米　賢明　懸命　幻滅　倹約
権利　原理　権言　言論

[コ]

故意　語彙　行為　好意　拘引　光陰
降雨　豪雨　公園　講演　甲乙　効果
硬貨　高架　交華　更改　後悔　郊外
号外　交換　号歓　好機　広義　抗議
講義　高級　攻撃　公共　興行　剛健
光景　合計　交際　貢献　高交　耕作
孝行　皇后　鉱山　罪子　好餌　皇室
絞殺　降参　攻守　除外　交渉　向上
校舎　恒常　更新　香水　洪水　好事(コウズカ)
工場　公正　更生　功績　降雪　巧拙
厚生　傲然　控訴　高層　抗争(コウタク)　構造
光線　交替　広大　皇太后　光沢　紅茶
小唄　交通　校庭　肯定　帝　更迭
硬直　交配　購買　喉頭　皇盗　購入
鋼鉄　好勾　降伏　紅梅　強広　公布
後輩　幸高　慢傲　平明　候補　酵母
坑夫　高慢　勇荒　紅葉　勾留　巧妙
公僕　拷問　豪港　紅光　稿料　拘留
項目　講考　慮話　荒語　呼応　効力
興隆　例　話角　港語　股関　節戸
恒例　解互　郷刻　湾学印　間際　顧告
誤呼　吸故　角告　印訴　国語板　国際極秘　示服
酷似　獄舎　訴　黒

12　常用語

後児　状前　子箱　娘姻　合立　難リュウ立
午孤　弧午　骨小　小婚　混献　困建
語源ジ　居湖　上選　稽葉　墳立ゴン　化権　濁混　同婚　約
穴死　障籍　張独　服楽　拠切ゲ　田迷　婚
虎枯　故戸　誇孤　呉娯　根懇　墾混
物利　沼性　体動　舞用　窮根　跡虫　紡
穀湖　個五　鼓鼓　有困　痕昆　布
防差　色身　大殿　盤気　紺ジョウ　青談　昆
国誤　五護　誇御　固根コン　懇昆
宝今　示人　代定　畔問　幹雑　胆晩惑
国古　誇個　古固　湖顧　根混　魂今困

［サ］

菌期　細最　郷後　在最　害災　媛才　悪罪　異差
最初　最砕　集心　採細　限際　債券　権債　工細
石能　才裁　入歳　終最　子妻　三場　高最
縫料　材索　布財　色度　食団　大斎　相宰
引乱　錯撮　留在　再判　菜財　培最　促催
称影　詐刷　為作　裁材　再債　眠栽　配采
新心　撮里　取昨　材木　務欺　官催　末歳
下考　傘参　子汰　砂丘　詐搾　酸左　礼祭
　　　　糖加　冊沙　削除　取鎖　国酢　誤錯
　　　　参詣　砂参　査禅　遷左ザ　折略策
　　　　　　　到用　座今　月ツキ　擦礎座
　　　　　　　　　　　殺作　知右　過覚錯
　　　　　　　　　　　　業産　察左山岳　早草雑
　　　　　　　　　　　　　　差漢砂　三画参

常用語　13

数念脈　算残山　新忍漫　斬残散　時定味麓　暫暫三山　斬残散山　殺存歩林　惨酸賛美散乱　酷成橋余　残賛桟残

[シ]

役骸官彩激項財首震線続談況走内問店販慕末問度光推
使死士色刺事私自地視持示実疾室質支市思始諮尺遮邪
営街画器力己咳石人設詩施歯槽(タク)支業践働望点居幣妹耳目点庫車邪心
自市字磁持自示磁詩施歯支失実失支芝紙姉妹耳目点庫車邪
院会学揮急故事示匠跡想第患責度尾摘舗伏本面小撃真
寺司史指至事仕指師史思次疾叱湿尻指(シ)老雌資誌弱射写
恣意的自資四識資地支自市(シ)慈肢自湿嫉疾師私死亡届紙舎酌車
育牙角間典刻索塾勢井薦柱施直執指導児童腹名紙監量掌
飼歯死時式試時思私姿自自他支実直執失指耳鼻科脂氏社釈
医科外願辞血効材終炊然孫屋行踪敗力典悲方務恩八寺
侍歯紫志式止時資始自自子質執失失実辞慈四事謝尺社

常用語

免刊居合症束知軟辺来宴女勲算諾版尾命類業粋葉会軌憬(ケイ)項司集状石

赦週住集重収周柔周従酒淑殊珠受出首寿種巡枝照常憧(ショウ)条上召症硝

沸穫航所繕断得癖油衛賀練材相港縛味猟春純使化棋金止(ジュ)就女勢

煮悪季周順旋弾電聞名襲収祝宿主術現肉呪趣狩猟春真用化将賞小笑(ジョウ)成少情

金醜秋周航順従周銃醜襲祝泊催手出朱酒需環職法歌喚将極賛召乗詔醸

干雄気襲熟人宅艇複類業宿肯捨懐痘婦瘍間殉備火害況拠酸失旬進

若雌臭修寝大心念末教図趣樹首取述種主腫瞬将消障消弦剤失習心

款輪貫業実重羞執週終儒縮趣樹出首呪苗文滑順順消生定規錠消常小

借車縦充充寝恥念末学図趣樹出首呪都文滑順順消気件直銃昇

絶面慣教才職滞知任砲落学小験旨火藍備木齢守足握害気件細直銃昇

謝斜習宗秀就渋衆就銃集儒縮受趣出出守樹樹遵俊掌傷蒸条詳正小上

常用語　15

沢　徴　突　年　備　明　約　期　樹　欲　行　籍　般　名　料　義　口　擊　上　戚　速　透　犯　米　雷　路
沼（ショウ）　象（タク）　衝　少　常　証　条　条　初　植　食　徐　書　諸　飼　仁　人　真　身　親　迅　浸　侵　新　針
態　緒　等　熱　眉　脈　文　瑠璃　簡　餌　務　侯　々　得　名　餅　議　仰　士　縮　請　族　挨　心　親　睦　頼　林
状　情　上　情　焦　静　縄　浄　書　職　諸　徐　所　署　尻　偽　絹　酸（ジュウ）　中　髄　臓　重　入　聞　用　力
待　酎　渡　認　費　本　文　来　外　事　物　景　述（ショッ）　機　務　尻込　み　真　人　辛　察　水　臓（チュウ）　中　頭　幅　親　友　緑
招　焼　譲　承　消　抄　証　将　除　食　植　叙　叙　織（ショッ）　庶　力　害　辛　診　真　浸　心　陣　振　新
醸　造　松竹梅　焦　小蒸　丈　消　招　昭　食　触　媒　刑　在　覚　民　助　侵　辛　診　真　浸　心　陣　振　審　尋　辛
像　談　肖　冗　焦　場　賞　勝　消（ショウ）　従　奨　処　嘱　叙　書　処　序　女　人（シン）　真　人　神　心　真（シン）　薪　震　神　深　侵
燥　諾　勅　内　売　品　明　余　略　気　責　君　国　詮　筺（モウ）　令　級　告　室　常　鮮　大　動　判　問　辣
焦　承　詔　城　商　上　照　剰　省　暑　職　諸　諸　所　処　処（ショ）　所　司　進　申　寝　尋　新　甚　振　審　尋　辛

［ス］
推移　水銀　随行　炊事　随時　衰弱

16　常用語

薦範　推垂　洗納　水出　深水　進定　推推　奨直　推垂
鳴子　吹末っ子　睡眠　睡　筒　水泡　水浴　随伴　水
嵐　砂　拝痛　崇頭痛　水墨画　高巾志　祟間寸　水隙寸　飯

水晶　　　　　　　　　　　　　　　　　　　　水溶液　頭蓋骨　頭脳
吹奏　炊飯　　　　　　　　　　　　　　　　　数隻　裾野法　寸暇
　　　　　　　　　　　　　　　　　　　　　　　　　　　　

[セ]

活清　生清　確金　正税　靴御　製制　欧求　西請　援義　声正　鋭還　精生
潔性　生性　星座　星政　根糸　製青　止成　製静　功凄　成凄　限算　制清
産質　斉清　治書　聖凄　春成　成人　成熟　静寂　惨寂　凄清　実松
唱掃髪　整頓勢　絶整制　絶整歳　績徒　緻府　精政　成精　静大　盛
帽暦髄　上席　勢暮力　成生　服征　整理　政整　精氷　製誓
西脊碑　飯赤　載惜積　征精　力精　石責　氷約　名伐
石是　世窃　襲取盗　敗施　棺任　中世　世界　柱廉
摂接　窃盗節　絶交　主施　間句　椎(ショウ)
利説　約節　度辱絶　節雪　接触　接(セッ)殺設
那論前科掲細集代　悪先　無非選　交辱　折衰　折置半倫
繊全前銭　先駆者　是挙　線(ゼン)漸　接拙　設折絶(セン)浅学前洗全選
戦都　戦争都　扇宣　拠攻索　専詮前煎
銭(トウ)湯　　　　　　　　　　　　子伝　遷

常用語　17

千羽鶴　抜望用　選羨専　薄餅専善有良　浅煎専前　船舶潜伏門　輩部盲柳全川　先全　念般明慄　専先鮮戦
前方全裸

[ソ]
相違　憎(ゾウ)悪(オ)　増加　爽快　霜害　総括
総監　早期　争議　葬儀　雑巾　巣窟
宗家　象牙　双肩　壮健　倉庫　相互
走行　荘厳　捜査　相(ソウ)殺(サイ)　葬祭　総裁
捜索　掃除　喪失　操縦　曽祖父　曽孫
増収　蔵書　装飾　痩身　雑炊　創造
想像　相談　装置　想定　贈呈　装填
騒動　贈答　遭難　挿入　双璧　送別
双方　騒乱　僧侶　壮烈　贈賄　阻害
疎外　組閣　遡及　俗語　即死　即時
促進　即席　足跡　速達　束縛　続編
側面　測量　速力　狙撃　粗雑　阻止
組織　素質　訴訟　遡上　租税　祖先
措置　卒業　続行　属国　率先　祖直
卒倒　堀尊　祖父尊　粗暴犯　素朴　粗尊
損害　　　　　　　　存在　存続
村落

[タ]
戴冠　待機　隊旗　退却　耐久　退去
待遇　体系　太古　太鼓　対抗　大綱
大黒柱　滞在　対策　胎児　謝代償　大蛇
貸借　大堆　対衆積　対処操　対怠惰　胆代　大台帳
大豆

18　常用語

砲液山彩場／大唾沢多立棚探究冊身担当能(ノウ)段落
捕逮第六感／卓越結妥蛇足当弾丸鉱生腸誕断丹(タン)念物(モノ)
平漁一撃性奪取崖坑端絶念房
泰大妥協流診獄傷検縮精那訪話
半陽択打打脱弾探短丹旦探談
大太妥濁打臼脱撲傷結爵正独保炉
体罰目棄宅地多少脱打団男端単担暖
納慢界児所湿忙靴食水冬白練
滞怠他託多脱多短断淡暖淡鍛

[チ]

己児衣介軸毒刊舎笑停躍者療没
知(チ)稚着仲中中朝庁嘲跳著治沈
漢積密央注誠過査獣簿作名貸
痴蓄緻中視忠超調鳥調著著賃
殻次息中中枢超彫徴頂戴編語勅径述直陳
恵一序(ユ)癒告止中越刻収長付金感謝列
知逐秩(チ)治忠昼懲聴挑貼貯直陳
域区着陸中抽弔長長調整懲罰蓄鎮沈黙
地地恥手継車文候取上発流貯賃鎮味
治安地球遅着中駐注兆聴頂挑潮貯水池賃上げ珍

[ツ]

追加	椎間	板	追	及	追	試	追	伸	追	跡
墜落	痛	飲	通	貨	通	行	痛	恨	通	商
通信	通	通	漬	物	都	合	坪	数	爪	先
爪弾く		通夜	梅雨	釣り堀						爪

[テ]

庭園　定刻　定（テイ）体　価（サイ）裁　諦亭　観主　提貞　供淑　締提　結出　抵提　抗唱
定　職　泥　酔　訂　正　貞　操　遙　送　提　宅
停　度　抵　当　丁　貞　念　泊　邸　辺
程　防　低　迷　寧　愛　滴　確　底　宜
堤　死　摘　出　溺　中　下　錠　適　学
溺　去　鉄　橋　的　鉄　手提げ　鉄　柵　哲　宵（ショウ）
撤　退　鉄　道　鉄　筋　鉱　鉄　園　徹（テッ）　嫁
撤　雅　展　開　伝　棒　夜　田　検　転　呼
典　候　添　削　電　記　典　点　丼　点　達
天　池　点　滴　点　車　天　転　統　伝　然
電　付　テン貼　プ付　転　灯　店　倒　舗　天　報
添　滅　展　覧　電　覆　流　店　舗　展　電

[ト]

答　案　統　一　灯　火　倒　壊　当　該　統　轄
騰　貴　陶　器　登　記　投　棄　討　議　等　級
闘　牛　道　具　洞　窟　憧（ドウ）　憬（ケイ）　剣　瞳　孔
踏　査　搭　載　洞　察　倒　産　凍　死　湯　治
当（トウ）悼　時（セキ）惜　踏　襲　搭　乗　答　申　制　統　動　静
銅　像　胴　体　到　着　逃　走　闘　争　同　窓
道　徳　唐　突　盗　難　童　陶　貞　治　読　同　堂
　　　　　　　　　　　　　　　　　　　　　　　　僚　々路

書票山 / 読得登特土俵器 / 殊特徴床の間端特土鈍貪欲 / 特断渡航土壌場徒労問屋 / 意創吐血図書党奴隷丼飯 / 得独吐独徒賭賭鈍 / 度毒匿土突努頓 / 胸舌名砂然力着 / 会色別市如物挫 / 都特特都突吐頓

[ナ]
内憂奈落 / 内紛奈 / 内納屋 / 内偵爪南北 / 内申鍋料理難関 / 内勤長軟化 / 内閣容縄張

[ニ]
日曜梅識 / 日入認 / 絵札荷人形任命 / 錦程実ジツ任務 / 薄日如ニョ房女耐忍 / 肉親直女忍 / 肉日道妊娠 / 握り拳日誌尿娠 / 仁王課和情 / 仁日柔人

[ネ]
念願粘度 / 年鑑焼燃 / 湯出捻 / 熱始捻 / 熱狂年始 / 段挫齢 / 値捻年 / 音色年燃貢料

[ノ]
裏原野 / 脳野喉 / 納入下元 / 紺軒涼 / 濃納 / 脳梗塞納涼 / 濃厚能率 / 農耕能吏良野

常用語　21

[ハ]

把握	拝謁	俳諧	媒介	廃棄	配給
配偶	拝啓	背景	媒拝	背後	灰皿
敗残	買収	排除	賠償	陪審	排水溝
倍数	排斥	陪席	配膳	倍増	媒体
梅毒	売買	肺病	敗北	拝命	俳優
培養	倍率	配慮	馬鹿	破壊	破棄
波及	博愛	白衣	麦芽	迫害	博識
拍車	拍手	白状	薄情	爆笑	迫真
剥製	漠然	剥奪	爆弾	白痴	白昼
伯仲	博徒	白桃	白髪	爆発	氷露
薄暮	博墨	舶来	剥離	白爆幕	破損
派遣	箱庭	破産	橋桁	罵声	破竹
肌色	肌着	畑作	破綻	罰当り	掘祥
八分目	鉢巻き	発芽	発汗	罰金	掘祥
抜群	発見	発酵	採伐	発射	憤慨
抜粋	罰則	発注	法度	発表	花婿
八方	発明	初詣	破天荒	罵倒	反映
派閥	破片	波板	紋金	範囲	万国
繁栄	版画	板金	番組	番号	酌
晩婚	犯罪	万歳	煩雑	繁盛	晩酌
藩主	晩秋	半熟	半鐘	雑袖	判神
蛮人	帆船	搬送	伴奏	半番	晩年
班長	判定	斑点	搬入	判明	晩半
飯場	販売	頒布	反覆	判例	面
繁茂	汎用	氾濫	伴侶	凡	

[ヒ]

悲哀	彼(ヒ)我(ガ)	被害	皮革	比較	彼(ヒ)岸(ガン)
悲喜	罷業	卑屈	卑下	非行	鼻孔

22　常用語

尾行　備考　日頃　被災　膝頭　悲惨
肘掛け　美醜　美術　批准　避暑　非常
微笑　秘蔵　肥大　筆記　必死　必需
必須　筆舌　必然　匹敵　必要　否定
妃殿下　美徳　人込み　人混み　避難　泌尿器
否認　批判　批評　皮膚　火蓋　碑文
疲弊　備忘　美貌　飛沫※　肥満　秘密
微妙　罷免　眉目　飛躍　百貨店　比喩
費用　評価　肥沃　票決　氷結　表現
標語　表札　氷山　拍子　標識　描写
表彰　秒速　漂着　病棟　平等　病人
漂白　評判　表面　裏面　漂流　兵糧
尾翼　肥料　微量　比例　卑劣　疲労
披露　品位　敏感　賓客　貧血　品詞
品質　品種　便箋　敏速　瓶詰　頻度
頻発　頻繁　貧富　貧乏　敏腕

[フ]

歩合　封印　風雨　富貴　風紀　封鎖
風俗　不吉　封筒　夫婦　風味　風鈴
賦課　不幅　不朽　普及　奉行　附近
腹案　複数　不副　副作用　福祉　復習
副賞　服務　複線　伏線　服装　不府
腹痛　不孝　覆面　富豪　符袋　腐臭　武侮
不夫妻　不作法　扶助　無事　藤部　不肖　布
不純　不振　不審　婦女　部婦　風情　浮
不敷設　不附　復帰　夫不物　遜議　舞復　負仏教　布石
普通

常用語　23

払　拭　仏　像　物　体　沸　騰　布　団　赴　任
不　能　腐　敗　部　品　部　分　不　偏　普　遍
父　母　計　報　富　裕　付　与　賦　与　扶　養
舞　踊　不　良　浮　力　武　力　風　呂　浮　浪
付　録　雰　囲　噴　煙　噴　火　憤　慨　分　割
奮　起　分　気　紛　糾　文　芸　文　庫　文　豪
粉　砕　分　岐　噴　噴　文　章　分　譲　粉　飾
粉　末　分　離　紛　分　奮　闘　分　泌　墳　墓

[へ]

平　穏　陛　下　閉　会　弊　害　兵　器　平　均
並　行　平　衡　米　穀　米　作　平　素　閉　塞
兵　隊　閉　店　併　発　平　癒　併　用　並　列
平　和　壁　画　壁　面　別　格　居　蔑　視
別　荘　変　化　弁　解　便　宜　返　却　境
勉　強　偏　見　変　更　返　済　弁　済　事
編　集　偏　食　変　遷　変　動　変　貌　返　利
返　戻　遍　歴　変　変　　　　　　　　便

[ホ]

母　音　包　囲　貿　易　放　火　邦　画　崩　壊
妨　害　方　角　邦　楽　包　括　包　含　傍　観
法　規　放　棄　謀　議　忘　香　俸　給　崩　御
暴　挙　冒　険　望　見　芳　忙　奉　起　報　告
報　国　方　策　豊　作　殺　某　仕　胞　子
帽　子　某　氏　報　酬　忙　所　宝　章　飽　食
法　人　邦　人　坊　主　某　石　紡　績　防　戦
包　装　放　傍　膨　張　法　包　廷　膨　大　砲　弾
放　置　傍　聴　　　　　　法　　　冒　頭　暴　騰

24 常用語

豊年	忘年会	奉納	防備	抱負	豊訪	富問
方法	放牧	芳名	亡命	放力	免飽	和
抱擁	包容力	法律	謀略	暴力	師墨	汁
捕獲	簿記	募金	撲殺	牧師	墓	穴
牧場	撲滅	牧羊	捕鯨	補欠	墓	持
保健	保護	歩行	矛(ホコ)先(サキ)	補佐	保	情
母子	補充	募集	保証	補償	慕	興
母性	舗装	捕捉	墓地	北極	勃	没
発作	没収	坊ちゃん	勃発	北方	没	落
補填	歩道	舗道	哺乳類	捕縛	捕	虜
翻意	盆栽	本質	本州	凡人	本	籍
奔走	盆地	煩悩	本俸	奔放	翻	訳
凡庸	本来	翻弄				

[マ]

枚挙	毎週	枚数	埋葬	埋蔵	毎度
埋没	枕元	摩擦	真(マジ)面目(メ)	麻酔	又聞き
抹殺	抹消	末席	末代	窓枠	魔法
麻薬	眉毛	眉唾	満悦	漫画	満喫
満月	慢心	慢性	満足		

[ミ]

味覚	未完	眉間	未曽有	蜜月	密葬
密造	蜜蜂	密輸	未定	未満	脈動
脈拍	脈絡	妙案	冥加	名字	妙味
冥利	妙齢	未来	魅了	魅力	魅惑
民主	民需	民衆	民宿	民族	民俗

[ム]

麦畑	麦飯	無言	霧散	武者	矛盾

常用語 25

無尽蔵　娘　　心　　無駄　無恥　夢中　霧笛
ムホン
謀反　　無
　　　　理

[メ]
明　暗　名　医　明　快　銘　柄　銘　記　名　曲
明　言　名　刹　名　刺　名　称　名　勝　名　匠
名　声　鳴　動　明　白　冥　福　命　名　盟　約
盟　友　名　誉　明　瞭　命　令　迷　路　明　朗
迷　惑　名　目　滅　尻　滅　失　滅　亡　綿　花　免　許
免　除　免　税　面　積　面　前　綿　綿　綿　布　面　目
綿　密　麺　類

[モ]
猛　威　猛　虎　妄　信　盲　人　妄　想　盲　点
毛　髪　毛　筆　網　膜　網　羅　猛　烈　模　擬
目　撃　木　材　黙　殺　目　次　木　造　測　琴
目　的　黙　認　目　標　模　型　喪　主　木　戸
持ち駒　餅　屋　模　範　模　倣　模　様　紋　門
紋　章　問　答　門　番　門　扉　紋　様

[ヤ]
野　外　夜　勤　冶　金　薬　剤　訳　者　役　所
約　定　約　束　躍　動　厄　年　訳　文　役　目
夜　行　夜　野　菜　野　人　厄　介　躍　起　薬　局
　　　　　　　　　　　　　　ヤマト　　　　　　　ヨイ
柳　腰　夜　半　野　蛮　大　和　闇　夜　弥　生

[ユ]
唯　一　遺　言　由　緒　唯物論　優　位　憂　鬱
有　益　優　越　優　雅　融　解　誘　拐　勇　敢
勇　気　遊　戯　幽　玄　友　好　有　志　雄　姿

26　常用語

然	悠	説	遊	水	湧	情	友	出	湧	秀	優
便	郵	飛	雄	発	誘	長	悠	大	雄	送	郵
予	猶	々	悠	勇	猛	名	有	弁	憂	福	裕
悦	愉	惑	誘	融	和	霊	幽	慮	遊(ユ)	離	遊
着	癒	断	油	輸	送	旨	論	山(サン)	指	快	愉
						来	由	輪		入	輪

[ヨ]

怪	妖	解	溶	艶	妖	育	養	易	容	意	用
曲	謡	業	窯	要	要	弓	洋	疑	容	器	容
蚕(サン)	養(ヨウ)	塞	要	求	陽	護	擁	件	用	鶏	養
式	様	児	幼	光	用	姿	容	子	養	旨	要
注意	要	虫	幼	紙	幼	子	様	殖	養	上	洋
脈	葉	風	洋	稚	曜	養	養	点	養	痛	腰
例	用	葉緑素	日	揚	要	領	擁	立	要	毛	羊
情	欲	日	翌	力	抑	圧	抑	金	預	興	余
見	予	揚	抑	止	欲	年	翌	浴	浴	場	浴
党	与	定	予	望	余	四畳半	算	予	言	予
				地		余裕	分	余	備	予

[ラ]

眼	裸	鳴	雷	賓	来	診	来	賛	礼	雨	雷
体	裸	羅針盤	涙	落	農	酪	成	落	語	落
外	欄	黄	卵	列	羅	腕	辣	傘	下	落	致	拉
費	濫	伐	濫	闘	乱	生	卵	雑	乱	干	欄
										用	濫

[リ]

| 屈 | 理 | 地 | 陸 | 量 | 力 | 科 | 理 | 益 | 利 | 員 | 吏 |
| 橋 | 陸 | 案 | 立 | 儀 | 律 | 脱 | 離 | 殖 | 利 | 行 | 履 |

常用語

裏面　隆起　流動　領袖　領土　僚友　旅客　履歴　隣接
離別　留学　竜頭　猟師　量的　良薬　慮外　旅情　臨終
離島　留意　隆盛　量産　寮生　陵墓　両脇　虜囚　隣室
立腹　理由　粒子　良好　両親　寮母　両立　旅行　臨時
律動　略図　硫酸　料金　良心　猟場　料理　旅券　林業　倫理
慄然　略称　流行　了解　糧食　両得　療養　緑茶　輪郭　輪番

[ル]
涙腺　累積　塁審　類似　累計　類型
留守

[レ]
励行　冷却　礼儀　例外　例会　零下
冷静　麗人　令嬢　令状　零細　霊魂
礼拝　冷凍　冷淡　隷属　令息　霊前
裂傷　列車　列挙　烈火　歴然　歴史
錬金　廉価　恋愛　烈風　列島　劣勢
恋慕　連続　錬成　練習　連合　連結
　　　　　　　　　　　　連絡　連峰

[ロ]
城読　籠城　漏出　労苦　朽電　老朽　楼閣　廊下
朗読　出働　漏労　苦等　朽電　老漏　閣老　下人（ニャク）
録音　籠門　労楼　等費　電婆　漏老　老浪　老（ロウ）若
法　　線　　路　　出　　地　　路　　（ロク）青　取
理　　六　　論　　旨　　傍　　路　　緑　辺　店
　　　　　　　　　　　　　　　　　　　炉（ショウ）
　　　　　　　　　　　　　　　　　　　　露

[ワ]

賄略　和解　脇腹　枠組み　惑星　枠内
話題　和服　和平　和睦　腕章　湾内
腕力

主な実務・法令用語

※印は常用漢字表外の漢字
△印は常用漢字音表外の読み方

[ア]	
あいきんしゃ	相勤者
あきす	空き巣
あしどり	足取り
あずかりきん	預り金
あんないぼ	案内簿
[イ]	
いかく	威嚇
いき	遺棄
いき	位記
いけん	違憲
いし	※縊死
いしつぶつ	遺失物
いしょう	意匠
いたく	委託
いっけつてん	※溢血点
いっそう	逸走
いみょう	異名
いりゅうひん	遺留品
いれずみ	入れ墨
いんがかんけい	因果関係
いんち	引致
いんぺい	隠蔽
いんぼう	陰謀
いんめつ	隠滅
[ウ]	
うけしょ	請け書
うけもちく	受持区
うよく	右翼
うらづけそうさ	裏付け捜査
[エ]	
えいぞうぶつ	営造物
えんこん	怨恨
えんとうじょう	円筒錠
[オ]	
おいかわ	負い革
おうしゅうきょぜつけん	押収拒絶権
おうりょう	横領
おきびき	置き引き
おしうり	押売
おだく	汚濁
おんしゃ	恩赦
[カ]	
かいぐ	戒具
かいこく	戒告
かいちょう	開帳
かえんびん	火炎瓶
かぎあな	鍵穴
かきょう	※華僑
かくせいざい	覚醒剤
かげきは	過激派
かじゅうとうそう	加重逃走

かじょうひなん	過剰避難	きゅうしょう	求償
かじょうもん	渦状紋	きゅうじょうもん	弓状紋
かっそう	割創	きゅうそ	急訴
かりかんぷ	仮還付	きゅうたいよひん	給貸与品
かりしゃくほう	仮釈放	きゅうふ	給付
かりょう	科料	きょうごう	競合
かりょう	過料	ぎょうこうけい	行幸啓
かわせ	為替	きょうさいくみあい	共済組合
かんいさいばんしょ	簡易裁判所	きょうじゅつ	供述
かんいそうち	簡易送致	きょうじょ	共助
かんこうけい	還幸啓	ぎょうせいしょぶん	行政処分
かんさつ	監察	きょうばい	競売
かんしき	鑑識	きょうぼう	共謀
かんしゅ	看守	きょうよ	供与
かんしゅしゃ	管守者	きょうれん	教練
かんせつしょうこ	間接証拠	きょどうふしん	挙動不審
かんせつせいはん	間接正犯	きんきゅうたいほ	緊急逮捕
かんないようらん	管内要覧	きんきゅうはいび	緊急配備
かんねんてききょうごう	観念的競合	きんこ	禁錮
[キ]		[ク]	
きき	毀棄	くえき	苦役
ききこみ	聞き込み	ぐはんしょうねん	△虞犯少年
ぎしょう	偽証	くんかい	訓戒
きずあと	傷跡	くんれい	訓令
きそ	起訴	[ケ]	
きそん	毀損	けいえい	警衛
きてい	規程	けいご	警護

けいじしせつ	刑事施設
けいてき	警笛
けいぼう	警棒
けいれい	敬礼
けっこん	血痕
けんえつ	検閲
げんきゅう	減給
けんきょ	検挙
げんこく	原告
げんけい	減刑
けんさく	検索
けんさつちょう	検察庁
けんし	検視
けんじ	検事
けんじゅう	拳銃
けんしょう	検証
けんちかん	検知管
げんにん	現認
げんめん	減免
けんもん	検問

[コ]

こうけんにん	後見人
こうこく	抗告
こうし	絞死
こうじ	公示
こうしゅう	講習
こうしょう	公傷
こうせいようけん	構成要件
こうぜん	公然
こうそ	控訴
こうたいせい	交替制
ごうだつ	強奪
こうちしょ	拘置所
こうちょう	広（公）聴
こうちょうかい	公聴会
こうはんてい	公判廷
こうばん	交番
こうふ	公布
こうほう	広報
こうりゅう	勾留
こうりょう	綱領
こくそふかぶん	告訴不可分
こくせんべんごにん	国選弁護人
こくはつ	告発
ごそう	護送
ごにん	誤認
こんせき	痕跡

[サ]

さいしゅつ	歳出
さいたく	採択
さいひ	歳費
ざいぶつ	財物
さいにょう	採尿
さいりょう	裁量
さいりょうつうわ	宰領通話

さぎ	詐欺
さくいはん	作為犯
さくご	錯誤
さしおさえ	差押え
さしょう	査証
ざそう	挫創
ざっとう	雑踏
ざんさつ	斬殺

[シ]

じいこうしん	示威行進
しがい	死骸
しきかん	敷鑑
じきゅうこうい	自救行為
じきょう	自供
しこう	施行
じこう	時効
じしゅ	自首
じしょうたがい	自傷他害
しそう	刺創
じそん	自損
しっか	失火
じっきょうけんぶん	実況見分
しっそう	失踪
じったいはあく	実態把握
しっと	嫉妬
じどり	地取り
しなぶれ	品触れ
しのびこみ	忍び込み
じはく	自白
しはん	死斑
しもん	指紋
しゃこうこうい	射幸行為
しゃげきじょう	射撃場
しゃしゅ	車種
しゃふく	車幅
じゆう	事由
しゅうじゅ	収受
しゅうせんりょう	周旋料
じゅうそう	銃創
しゅうとくぶつ	拾得物
しゅうよう	収容
しゅけん	手拳
じゅだく	受諾
しゅぼう	首謀
じゅれいき	受令機
じゅんかいれんらく	巡回連絡
じゅんきそてつづき	準起訴手続
じゅんこうこく	準抗告
じゅんしゅ	遵守
じゅんそく	準則
じゅんよう	準用
じょうきょうしょうこ	情況証拠
じょうきん	常勤
じょうけんつきさ	条件付採

主な実務・法令用語　33

いよう	用	しんたいそうけん	身体捜検
しょうこほぜん	証拠保全	しんたく	信託
しょうし	焼死	\[セ\]	
じょうじょう	情状	せいぎょ	制御
じょうそ	上訴	せいしんしょうがいしゃ	精神障害者
じょうそう	常装	せいしんほけん	精神保健
しょうにんしゅってい	証人出廷	せいとうぼうえい	正当防衛
しょうよ	賞誉	せいれい	政令
じょうれい	条例	せきむ	責務
しょかつ	所轄	せじょう	施錠
しょかんく	所管区	せっけんこうつう	接見交通
しょくせき	職責	せっそう	切創
しょくほうしょうねん	触法少年	ぜんか	前科
しょくむしつもん	職務質問	せんせい	宣誓
しょぞく	所属	ぜんれき	前歴
しょだん	処断	\[ソ\]	
しょっかいせい	職階制	そうごうしょうかい	総合照会
しょっけん	職権	そうち	送致
しょどうそち	初動措置	そうふ	送付
しょばつ	処罰	そきゃくじゆう	阻却事由
しりょう	思料	そきゅう	遡及
しんきょう	信教	そげき	狙撃
しんけんしゃ	親権者	そつい	訴追
しんこくざい	親告罪	そんしょう	損傷
じんじいいんかい	人事委員会	\[タ\]	
しんじゅう	心中	たいかく	帯革
		だいしっこう	代執行

だえき	唾液	でんぶ	※臀部
たちまわりさき	立ち回り先	でんぶんしょうこ	伝聞証拠
だぼく	打撲	\[ト\]	
だんがい	弾劾	とうがい	当該
\[チ\]		とうかつ	統括
ちがいほうけん	治外法権	とうかつ	統轄
ちし	致死	どうこう	瞳孔
ちのうはん	知能犯	とうとく	統督
ちゅういほうこく	注意報告	とば	賭場
ちゅうざいしょ	駐在所	とばく	賭博
ちょうかい	懲戒	とまくへん	塗膜片
ちょうしゅ	聴取	どんき	鈍器
ちょうだん	跳弾	\[ナ\]	
ちょうほう	※諜報	ないてい	内偵
ちょうもん	聴聞	なんきん	軟禁
ちょっかつ	直轄	\[ニ\]	
\[ツ\]		にんいそうさ	任意捜査
つうしょう	通称	にんそう	人相
つうたつ	通達	にんち	認知
つうぼう	通謀	\[ネ\]	
つつもたせ	△△△美人局	ねじろ	根城
\[テ\]		ねんじきゅうか	年次休暇
ていしょく	停職	\[ノ\]	
ていじ	提示	のあらし	野荒らし
でいすい	泥酔	のうふ	納付
できし	溺死	\[ハ\]	
てきや	的屋	はいちがえ	配置換え
てっかい	撤回	はいかい	※※徘徊

はいにん	背任
はき	破棄
はりこみ	張り込み
はんこう	反抗
はんこう	犯行
はんじ	判事
はんそくこうい	反則行為
はんたいじんもん	反対尋問
はんらん	氾濫

[ヒ]

ひかしゅっけつ	皮下出血
ひきあたり	引き当たり
ひぎしゃ	被疑者
びこう	尾行
ひこくにん	被告人
びざいしょぶん	微罪処分
ひっせき	筆跡
ひばん	非番
ひょうしょう	表彰
ひょうてい	評定
ひょうりゅうぶつ	漂流物

[フ]

ふかこうりょく	不可抗力
ふきそしょぶん	不起訴処分
ふくしょく	復職
ふくせい	服制
ふこくふり	不告不理
ふさくい	不作為
ふしょう	不詳
ふしんしゃ	不審者
ふずい	付随
ふっけん	復権
ぶっしょく	物色
ぶってきしょうこ	物的証拠
ふふくもうしたて	不服申立て
ふほうりょうとく	不法領得
ぶんげん	分限
ぶんしょう	分掌
ぶんしょとが	文書図画

[ヘ]

へいごうざい	併合罪
へいしん	並進
べっけんたいほ	別件逮捕
べってん	別添
べんかいろくしゅしょ	弁解録取書
べんごにん	弁護人
へんし	変死
へんぞう	変造

[ホ]

ほあんしょぶん	保安処分
ほうえき	法益
ほうきゅう	俸給
ぼうぎょ	防御
ほうげん	方言

ぼうこう	暴行
ほうこうしじき	方向指示器
ほうこうへんかん	方向変換
ぼうさい	防災
ほうしゅう	報酬
ほうじょうきょうごう	法条競合
ほうち	放置
ほうてい	法廷
ほうていけい	法定刑
ほうどう	報道
ぼうはんしんだん	防犯診断
ほうりつ	法律
ほうれい	法令
ほうろうきん	報労金
ほかん	保管
ほきょうしょうこ	補強証拠
ほご	保護
ほしゃく	保釈
ほじょう	捕縄
ほせい	補正
ほそく	捕捉
ぼっしゅう	没収
ほどう	補導

[マ]

まどり	間取り
まとわり	的割り
まんびき	万引き

[ミ]

みがら	身柄
みけつ	未決
みすい	未遂
みっこう	密行
みとりず	見取図
みのしろきん	身の代金
みひつてきこい	未必的故意
みぶんはん	身分犯

[ム]

むこう	無効
むせじょう	無施錠
むせん	無銭

[メ]

めいぎ	名義
めいてい	酩酊
めんじょ	免除
めんしょく	免職
めんわり	面割り

[モ]

もうはつ	盲発
もくげきしゃ	目撃者
もくじ	黙示
もくひ	黙秘
もしゃでんそう	模写電送
もぞう	模造
もほう	模倣
もよう	模様

[ヤ]	
やくざいし	薬剤師
やくさつ	扼殺※

[ユ]	
ゆうかい	誘拐
ゆうかしょうけん	有価証券
ゆうきょうひ	遊興費
ゆうどうじんもん	誘導尋問

[ヨ]	
ようぎ	容疑
ようさい	要塞
ようし	要旨
よざい	余罪

[ラ]	
らち	拉致

[リ]	
りゅうちしせつ	留置施設
りょうち	領置
りょしゃけん	旅舎検
りんきょ	輪距
りんじょう	臨場

[ル]	
るいすいかいしゃく	類推解釈
るいはん	累犯

[レ]	
れいじょうしゅぎ	令状主義
れきし	轢死※

れんさ	連鎖
れんしょ	連署
れんぞくはん	連続犯

[ロ]	
ろかた	路肩
ろそくたい	路側帯

[ワ]	
わいろ	賄賂

旧刑法の難読語

主な条文	難読語	読み方
1	何人	なんぴと
	問ハス	とわず
	於テ	おいて
	之ヲ	これを
	亦同シ	またおなじ
2	乃至	ないし
	其	その
3	依リ	より
	可キ	べき
	此等ノ	これらの
	因テ	よって
5	雖も	いえども
	妨ケス	さまたげず
7	官吏	かんり
	公吏	こうり
	謂フ	いう
7ノ2	電磁	でんじ
	能ハザル	あたわざる
8	此限ニ在ラス	このかぎりにあらず
9	禁錮	きんこ
	拘留	こうりゅう
10	以テ	もって
	及ヒ	および
	寡額	かがく
11	絞首	こうしゅ

	拘置	こうち
14	加重	かちょう
	コトヲ得	ことをう
	降ス	くだす
18	併科	へいか
	為ス	なす
	可シ	べし
	非サレハ	あらざれば
	留置	りゅうち
	其幾分ヲ	そのいくぶんを
	従ヒ	したがい
	充ツ	あつ
	満タサル	みたざる
19	因リ	より
19ノ2	追徴	ついちょう
20	該ル	あたる
21	未決勾留	みけつこうりゅう
22	暦	こよみ
23	拘禁セラレサル	こうきんせられざる
24	論セス	ろんぜず
25	執行ヲ猶予	しっこうをゆうよ
	憫諒ス可キモノ	びんりょうすべきもの
25ノ2	看做ス	みなす
26	ヲ除ク外猶予ノ	をのぞくほかゆうよの
26ノ2	遵守	じゅんしゅ
28	改悛	かいしゅん
30	情状ニ因リ何時ニ	じょうじょうによりいつに
33	進行セス	しんこうせず
36	已ムコトヲ得サル	やむことをえざる
37	生シタル害其避ケント	しょうじたるがいそのさけんと

旧刑法の難読語

38	罪本重カル可ク	つみもとおもかるべく
39	心神喪失	しんしんそうしつ
	心神耗弱	しんしんこうじゃく
40	瘖啞者	いんあしゃ
42	未タ	いまだ
	首服	しゅふく
43	著手	ちゃくしゅ
	之ヲ止メタルトキ	これをやめたるとき
45	或罪	あるつみ
	止タ	ただ
46	亦他ノ刑ヲ科セス	またたのけいをかせず
52	大赦	たいしゃ
54	牽連犯	けんれんはん
59	仍ホ	なお
60	正犯	せいはん
61	教唆	きょうさ
62	幫助	ほうじょ
	從犯	じゅうはん
65	加功	かこう
66	酌量	しゃくりょう
69	先ツ	まず
70	剰ス	あます
77	顛覆	てんぷく
	僭窃	せんせつ
	朝憲	ちょうけん
	紊乱	びんらん
	首魁	しゅかい
	謀議	ぼうぎ
	附和随行	ふわずいこう
	干与	かんよ

82	与シテ	くみして
	与ヘタル	あたえたる
92	汚穢	おわい
93	私ニ	ひそかに
94	違背	いはい
96ノ2	隠匿	いんとく
98	勾引状	こういんじょう
103	蔵匿	ぞうとく
	隠避	いんぴ
104	証憑ヲ湮滅	しょうひょうをいんめつ
105ノ2	威迫	いはく
106	多衆聚合	たしゅうしゅうごう
	騒擾	そうじょう
107	及フモ仍ホ	およぶもなお
108	焼燬	しょうき
109	生セサルトキ	しょうぜざるとき
114	鎮火	ちんか
117	汽罐	きかん
118	瓦斯	ガス
	遮断	しゃだん
	漏出	ろうしゅつ
119	溢水	いっすい
123	決潰	けっかい
	水閘	すいこう
124	橋梁	きょうりょう
	壅塞	ようそく
126	覆没	ふくぼつ
133	開披	かいひ
	封緘	ふうかん
134	漏泄	ろうせつ

42 旧刑法の難読語

	禱祀	とうし
	知得タル	しりえたる
136	阿片煙	あへんえん
139	房屋	ぼうおく
146	由リ	より
152	其名価	そのめいか
	降スコトヲ得ス	くだすことをえず
154	御璽	ぎょじ
	国璽	こくじ
	押捺シ	おうなつし
155	図画	とが
171	通事	つうじ
172	誣告	ぶこく
174	公然猥褻	こうぜんわいせつ
175	頒布	はんぷ
177	姦淫	かんいん
	強姦	ごうかん
178	抗拒不能	こうきょふのう
	乗シ	じょうじ
182	淫行	いんこう
184	重ネテ	かさねて
185	賭博	とばく
	輸贏	ゆえい
	博戯	ばくぎ
	賭事	とじ
186	博徒	ばくと
187	富籤	とみくじ
188	神祠	しんし
189	墳墓	ふんぽ
190	棺	かん

192	経スシテ	へずして
25章	瀆職	とくしょく
193	濫用	らんよう
195	陵虐	りょうぎゃく
197	収賄	しゅうわい
	賄賂	わいろ
	請託	せいたく
197ノ3	枉法	おうほう
197ノ4	斡旋	あっせん
198	贈賄	ぞうわい
202	嘱託	しょくたく
206	セスト雖モ	せずといえども
207	能ハス	あたわず
208ノ2	兇器	きょうき
212	堕胎	だたい
	懐胎	かいたい
217	不具	ふぐ
	疾病	しっぺい
224	略取	りゃくしゅ
	誘拐	ゆうかい
225ノ2	被拐取者	ひかいしゅしゃ
	憂慮	ゆうりょ
230	摘示	てきし
	毀損	きそん
	誣罔	ふもう
230ノ2	専ら	もっぱら
232	太皇太后	たいこうたいごう
	皇嗣	こうし
233	流布	るふ
	偽計ヲ用ヒ	ぎけいをもちい

238	拒キ		ふせぎ
239	昏酔		こんすい
244	告訴ヲ待テ其罪ヲ論ス		こくそをまちてそのつみをろんず
246	欺罔		ぎもう
	騙取		へんしゅ
247	背キ		そむき
248	知慮浅薄		ちりょせんぱく
249	恐喝		きょうかつ
256	贓物		ぞうぶつ
	寄蔵		きぞう
	故買		こばい
	牙保		がほ
258	毀棄		きき

著名な人名

[ア]

青木 昆陽(アオキ コンヨウ) …… 江戸中期の儒学者、蘭学者。さつま芋栽培研究。

芥川 龍之介(アクタガワ リュウノスケ) …… 大正時代の小説家。「鼻」「羅生門」。

明智 光秀(アケチ ミツヒデ) …… 戦国・安土桃山時代の武将。本能寺の変。

足利 尊氏(アシカガ タカウジ) …… 室町幕府の初代将軍。武家政権を再興した。

天草 四郎(アマクサ シロウ) …… 江戸初期の耶蘇教指導者。島原の乱の首領。

新井 白石(アライ ハクセキ) …… 江戸中期の儒学者、政治家。「折りたく柴の記」。

安藤 広重(アンドウ ヒロシゲ) …… 江戸後期の浮世絵師。「東海道五十三次」。

[イ]

井伊 直弼(イイ ナオスケ) …… 彦根藩主で幕末の大老。桜田門外の変で殺害。

池田 勇人(イケダ ハヤト) …… 昭和の政治家、首相。所得倍増、高度経済成長。

石川 啄木(イシカワ タクボク) …… 明治時代の歌人、詩人。歌集「一握の砂」。

石田 三成(イシダ ミツナリ) …… 秀吉に仕えた安土桃山時代の武将。関ヶ原の戦。

板垣 退助(イタガキ タイスケ) …… 明治時代の政治家。自由民権運動に取り組んだ。

伊藤 博文(イトウ ヒロブミ) …… 明治時代に内閣制度を創設した初代の総理大臣。

犬養 毅(イヌカイ ツヨシ) …… 明治〜昭和の政治家、首相。五・一五事件

で暗殺。

井上 馨（イノウエ カオル） …… 明治・大正の政治家。初代の外務大臣。欧化政策。

伊能 忠敬（イノウ タダタカ） …… 江戸後期の地理学者、測量家。最初の日本全図。

井原 西鶴（イハラ サイカク） …… 江戸前期の浮世草子作家。「日本永代蔵」。

今川 義元（イマガワ ヨシモト） …… 戦国時代の駿河・遠江の国主。桶狭間の合戦。

岩倉 具視（イワクラ トモミ） …… 幕末の下級公家、新政府の右大臣。廃藩置県。

［ウ］

上杉 謙信（ウエスギ ケンシン） …… 戦国時代の越後の名将。川中島の合戦で有名。

内村 鑑三（ウチムラ カンゾウ） …… 明治・大正の宗教家。キリスト教の伝道と研究。

［エ］

栄西（エイサイ） …… 鎌倉前期の禅僧、臨済宗の開祖。宋から禅宗を伝えた。

江藤 新平（エトウ シンペイ） …… 明治初期の司法卿。佐賀の乱の首領。刑死した。

江戸川 乱歩（エドガワ ランポ） …… 大正・昭和の探偵小説家。「怪人二十面相」。

榎本 武揚（エノモト タケアキ） …… 幕末の幕府艦隊司令官。函館・五稜郭の戦い。

［オ］

大石 内蔵助（オオイシ クラノスケ） …… 江戸中期の播磨・赤穂藩の家老。忠臣蔵。

著名な人名　47

大岡　忠相（オオオカ タダスケ）	……	越前守。江戸中期の江戸南町奉行、寺社奉行。
大久保　利通（オオクボ トシミチ）	……	明治新政府の参議兼内務卿。征韓論に反対。
大隈　重信（オオクマ シゲノブ）	……	明治・大正の政党政治家。早稲田大学を創設。
大塩　平八郎（オオシオ ヘイハチロウ）	……	天保時代に大坂で乱を起こした陽明学者。
太田　道灌（オオタ ドウカン）	……	室町後期の武将、歌人。旧江戸城を築いた。
大宅　壮一（オオヤ ソウイチ）	……	毒舌反骨の精神に徹した大正・昭和の評論家。
緒方　洪庵（オガタ コウアン）	……	江戸後期の蘭学者。適塾を開き、俊才を育てた。
尾崎　紅葉（オザキ コウヨウ）	……	明治時代の小説家。泉鏡花の師匠。「金色夜叉」。
織田　信長（オダ ノブナガ）	……	戦国・安土時代の武将。楽市楽座、天下布武。
小野　小町（オノノ コマチ）	……	平安前期の女流歌人。三十六歌仙の一人。美人。

［カ］

柿本　人麻呂（カキノモトノ ヒトマロ）	……	七世紀後半の歌人。「万葉集」の代表的歌人。
勝　海舟（カツ カイシュウ）	……	幕末に咸臨丸で渡米した旗本。江戸城を無血開城。
葛飾　北斎（カツシカ ホクサイ）	……	江戸後期の浮世絵師。風景画「富嶽三十六景」。
桂　太郎（カツラ タロウ）	……	明治の政治家、首相。日英同盟締結、韓国併合。

48 著名な人名

加藤 清正(カトウ キヨマサ) ……　秀吉の部将、賤ヶ岳の七本槍の一人。虎退治。

鴨 長明(カモノ チョウメイ) ……　鎌倉時代初期の歌人、文人。「方丈記」。

川端 康成(カワバタ ヤスナリ) ……　昭和のノーベル賞作家。「伊豆の踊子」「雪国」。

[キ]

菊池 寛(キクチ カン) ……　大正・昭和の作家。「文芸春秋」創刊。「父帰る」。

紀 貫之(キノ ツラユキ) ……　平安中期の歌人。「古今和歌集」「土佐日記」。

吉良 上野介(キラ コウズケノスケ) ……　元禄時代の高家筆頭。赤穂浪士の討入り。

[ク]

空海(クウカイ) ……　平安初期の真言宗の開祖、弘法大師。高野山金剛峯寺。

楠木 正成(クスノキ マサシゲ) ……　鎌倉幕府を倒した武将。千早城、湊川の戦い。

国木田 独歩(クニキダ ドッポ) ……　明治時代の詩人、小説家。短編集「武蔵野」。

[コ]

孔子(コウシ) ……　紀元前六〜七世紀、中国の春秋時代の儒学者。「論語」。

幸田 露伴(コウダ ロハン) ……　明治〜昭和の小説家、随筆家。「五重塔」。

小林 一茶(コバヤシ イッサ) ……　江戸後期の俳人。「やせ蛙、負けるな……。」

近藤 勇(コンドウ イサミ) ……　新撰組局長。尊王攘夷派浪士を弾圧、池田屋の変。

[サ]

西郷　隆盛（サイゴウ タカモリ）　……　戊辰戦争を指導した明治維新の元勲。西南戦争。

最澄（サイチョウ）　……　平安初期の天台宗開祖、伝教大師。比叡山延暦寺建立。

坂本　龍馬（サカモト リョウマ）　……　薩長連合、大政奉還を画策した幕末の志士。

真田　幸村（サナダ ユキムラ）　……　大坂冬・夏の陣で戦った秀頼側の武将。九度山。

[シ]

志賀　直哉（シガ ナオヤ）　……　大正・昭和初期の作家。「和解」「暗夜行路」。

島崎　藤村（シマザキ トウソン）　……　明治〜昭和の詩人、作家。「破戒」「夜明け前」。

聖徳太子（ショウトクタイシ）　……　推古天皇の摂政。十七条憲法制定、遣隋使を派遣。

親鸞（シンラン）　……　鎌倉前期の浄土真宗の開祖。法語集「歎異鈔」。

[ス]

菅原　道真（スガワラノ ミチザネ）　……　平安前期の学者、右大臣。大宰府に左遷。

杉田　玄白（スギタ ゲンパク）　……　江戸中後期の蘭方医。「解体新書」「蘭学事始」。

[セ]

世阿弥（ゼアミ）　……　室町後期の能楽者。観阿弥の子。能楽を大成した。

清少納言（セイショウナゴン）　……　平安中期の女流文学者、随筆家。「枕草子」。

50　著名な人名

雪舟(セッシュウ)　……　水墨画を大成した室町後期の山水画家。「秋冬山水図」。

千利休(センノリキュウ)　……　茶道を大成した安土桃山時代の茶人。自殺した。

[ソ]

孫子(ソンシ)　……　紀元前四世紀頃、中国戦国時代の戦術家。孫子の兵法。

[タ]

平清盛(タイラノキヨモリ)　……　平安後期の平氏棟梁、太政大臣。保元・平治の乱。

平将門(タイラノマサカド)　……　平安中期の坂東下総の地方豪族。承平・天慶の乱。

高杉晋作(タカスギシンサク)　……　幕末の長州藩士。奇兵隊を組織し、幕軍を連破。

高橋是清(タカハシコレキヨ)　……　明治〜昭和の政治家、財政家。二・二六事件。

武田信玄(タケダシンゲン)　……　甲斐の戦国武将。風林火山、三方ヶ原の合戦。

太宰治(ダザイオサム)　……　虚無的な社会を描いた昭和の作家。「人間失格」。

伊達政宗(ダテマサムネ)　……　安土桃山・江戸初期の武将、大名。支倉常長。

谷崎潤一郎(タニザキジュンイチロウ)　……　明治〜昭和の耽美派の代表的作家。「細雪」。

[チ]

近松門左衛門(チカマツモンザエモン)　……　江戸中期の浄瑠璃脚本家。「曾根崎心中」。

著名な人名　51

[ツ]

坪内 逍遙（ツボウチ ショウヨウ）…… 明治・大正の小説家、劇作家。「小説神髄」。

[ト]

道元（ドウゲン）…… 鎌倉中期の曹洞宗（禅宗）の開祖。坐禅。「正法眼蔵」。

東郷 平八郎（トウゴウ ヘイハチロウ）…… 日露戦争時の連合艦隊司令長官。日本海海戦。

東条 英機（トウジョウ ヒデキ）…… 対米開戦時の首相、陸軍大将。A級戦犯で処刑。

徳川 家康（トクガワ イエヤス）…… 江戸幕府の初代将軍。関ヶ原の合戦、大坂の陣。

杜甫（トホ）…… 八世紀の唐代の詩人。詩聖と呼ばれた。「北征」。

豊臣 秀吉（トヨトミ ヒデヨシ）…… 天下を統一した安土桃山時代の武将、関白。

[ナ]

中江 兆民（ナカエ チョウミン）…… 明治時代の思想家、自由民権論者。「民約訳解」。

夏目 漱石（ナツメ ソウセキ）…… 明治・大正の小説家。「坊っちゃん」「草枕」。

[ニ]

新島 襄（ニイジマ ジョウ）…… 明治時代の教育家、宗教家。同志社大学を創立。

日蓮（ニチレン）…… 鎌倉中期の日蓮宗の開祖。身延山、「立正安国論」。

新田 義貞（ニッタ ヨシサダ）…… 鎌倉末期・南北朝時代の南朝側の武将。

敗死。

二宮 尊徳（ニノミヤ ソントク） …… 江戸後期の倹約実践主義の農政家。報徳思想。

[ノ]

乃木 希典（ノギ マレスケ） …… 日露戦争の旅順攻略司令官。明治天皇に殉死。

野口 英世（ノグチ ヒデヨ） …… 明治・大正の細菌学者。病原体の研究で功績。

[ハ]

浜口 雄幸（ハマグチ オサチ） …… 大正・昭和の政治家、首相。財政緊縮、金解禁。

原 敬（ハラ タカシ） …… 大正7年に日本最初の政党内閣を作った平民宰相。

[ヒ]

樋口 一葉（ヒグチ イチヨウ） …… 明治時代の女流作家、歌人。「たけくらべ」。

平賀 源内（ヒラガ ゲンナイ） …… 江戸中後期の自然科学者。寒暖計、エレキテル。

[フ]

福沢 諭吉（フクザワ ユキチ） …… 明治の啓蒙思想家。慶応義塾。「学問ノススメ」。

藤原 鎌足（フジワラノ カマタリ） …… 飛鳥時代の政治家、藤原貴族の祖。大化の改新。

二葉亭 四迷（フタバテイ シメイ） …… 明治の小説家、ロシア文学の翻訳家。「浮雲」。

著名な人名 53

[ホ]

法然(ホウネン) …… 平安末・鎌倉初期の浄土宗の開祖。専修念仏を説いた。

[マ]

前島(マエジマ) 密(ヒソカ) …… 明治の官僚、実業家。近代的郵便制度を創始した。

正岡(マサオカ) 子規(シキ) …… 明治時代の俳人、歌人。ホトトギス派の代表者。

松尾(マツオ) 芭蕉(バショウ) …… 江戸前・中期の俳人、俳聖。「奥の細道」。

松下(マツシタ) 幸之助(コウノスケ) …… 松下電器㈱を一代で創業した昭和の実業家。

間宮(マミヤ) 林蔵(リンゾウ) …… 江戸後期の樺太探検家。間宮海峡を発見した。

円山(マルヤマ) 応挙(オウキョ) …… 遠近法を取り入れた江戸中・後期の日本画絵師。

[ミ]

三島(ミシマ) 由紀夫(ユキオ) …… 割腹自殺した昭和の小説家、劇作家。「潮騒」。

源(ミナモトノ) 頼朝(ヨリトモ) …… 源氏の棟梁、武将。鎌倉幕府の初代征夷大将軍。

宮沢(ミヤザワ) 賢治(ケンジ) …… 大正・昭和の詩人、童話作家。「雨ニモマケズ」。

宮本(ミヤモト) 武蔵(ムサシ) …… 江戸初期の二刀流の剣豪、画家。「五輪書」。

[ム]

武者小路(ムシャノコウジ) 実篤(サネアツ) …… 明治〜昭和初期の作家。雑誌「白樺」

創刊。

陸奥 宗光（ムツ ムネミツ） …… 明治の政治家、外務大臣。不平等条約改正。

紫式部（ムラサキシキブ） …… 平安中期の女流文学者、歌人、才女。「源氏物語」。

[モ]

孟子（モウシ） …… 紀元前四～三世紀、中国戦国時代の儒学者。「孟子」。

毛利 元就（モウリ モトナリ） …… 山陽・山陰を支配した戦国武将。三本の矢。

本居 宣長（モトオリ ノリナガ） …… 江戸後期の古典研究家、国学者。「古事記伝」。

森 鷗外（モリ オウガイ） …… 明治・大正の作家、軍医総監。「舞姫」「高瀬舟」。

[ヤ]

柳生 宗矩（ヤギュウ ムネノリ） …… 江戸初期の柳生流の剣客、幕府総目付。但馬守。

柳沢 吉保（ヤナギサワ ヨシヤス） …… 元禄時代の政治家、五代将軍側用人。後に大老。

山県 有朋（ヤマガタ アリトモ） …… 明治・大正の軍人、政治家。徴兵令を制定した。

山上 憶良（ヤマノウエノ オクラ） …… 奈良時代の思想歌人。「万葉集」の貧窮問答歌。

山本 五十六（ヤマモト イソロク） …… 日米開戦時の連合艦隊司令長官。真珠湾攻撃。

[ユ]

湯川 秀樹（ユカワ ヒデキ） …… 昭和の理論物理学者。中間子理論でノー

ベル賞。

［ヨ］

与謝 蕪村（ヨサ ブソン） …… 江戸中・後期の俳人、画家。俳諧中興の巨匠。

与謝野 晶子（ヨサノ アキコ） …… 明治〜昭和の女流歌人、詩人。「みだれ髪」。

吉川 英治（ヨシカワ エイジ） …… 昭和の作家、大衆文壇の第一人者。「宮本武蔵」。

吉田 兼好（ヨシダ ケンコウ） …… 鎌倉末・南北朝時代の歌人、随筆家。「徒然草」。

吉田 茂（ヨシダ シゲル） …… 昭和の政治家、首相。講和条約に調印。

吉田 松陰（ヨシダ ショウイン） …… 幕末の思想家、教育家。松下村塾。安政の大獄。

［リ］

李白（リ ハク） …… 八世紀の唐代の詩人。中国の歴史上、最高の詩人。

都道府県（府県庁所在地）及び市

〔官報告示済の令和5年1月1日現在〕

北海道（札幌市） 35

赤平、旭川、芦別、網走、石狩、岩見沢、歌志内、恵庭、江別、小樽、帯広、北広島、北見、釧路、士別、砂川、滝川、伊達、千歳、苫小牧、名寄、根室、登別、函館、美唄、深川、富良野、北斗、三笠、室蘭、紋別、夕張、留萌、稚内

青森県（青森市） 10

黒石、五所川原、つがる、十和田、八戸、平川、弘前、三沢、むつ

岩手県（盛岡市） 14

一関、奥州、大船渡、釜石、北上、久慈、滝沢、遠野、二戸、八幡平、花巻、宮古、陸前高田

宮城県（仙台市） 14

石巻、岩沼、大崎、角田、栗原、気仙沼、塩竈、白石、多賀城、富谷、登米、名取、東松島

秋田県（秋田市） 13

大館、男鹿、潟上、鹿角、北秋田、仙北、大仙、にかほ、能代、湯沢、由利本荘、横手

山形県（山形市） 13

尾花沢、上山、寒河江、酒田、新庄、鶴岡、天童、長井、南陽、東根、村山、米沢

福島県（福島市）　13

会津若松、いわき、喜多方、郡山、白河、須賀川、相馬、伊達、田村、二本松、南相馬、本宮

茨城県（水戸市）　32

石岡、潮来、稲敷、牛久、小美玉、笠間、鹿嶋、かすみがうら、神栖、北茨城、古河、桜川、下妻、常総、高萩、筑西、つくば、つくばみらい、土浦、取手、那珂、行方、坂東、日立、常陸太田、常陸大宮、ひたちなか、鉾田、守谷、結城、龍ケ崎

栃木県（宇都宮市）　14

足利、大田原、小山、鹿沼、さくら、佐野、下野、栃木、那須烏山、那須塩原、日光、真岡、矢板

群馬県（前橋市）　12

安中、伊勢崎、太田、桐生、渋川、高崎、館林、富岡、沼田、藤岡、みどり

埼玉県（さいたま市）　40

上尾、朝霞、入間、桶川、春日部、加須、川口、川越、北本、行田、久喜、熊谷、鴻巣、越谷、坂戸、幸手、狭山、志木、白岡、草加、秩父、鶴ヶ島、所沢、戸田、新座、蓮田、羽生、飯能、東松山、日高、深谷、富士見、ふじみ野、本庄、三郷、八潮、吉川、和光、蕨

東京都（新宿区）　49（23区を含む。）

東京23区

足立、荒川、板橋、江戸川、大田、葛飾、北、江東、

品川、渋谷、杉並、墨田、世田谷、台東、中央、千代田、豊島、中野、練馬、文京、港、目黒

昭島、あきる野、稲城、青梅、清瀬、国立、小金井、国分寺、小平、狛江、立川、多摩、調布、西東京、八王子、羽村、東久留米、東村山、東大和、日野、府中、福生、町田、三鷹、武蔵野、武蔵村山

千葉県（千葉市） 37

旭、我孫子、いすみ、市川、市原、印西、浦安、大網白里、柏、勝浦、香取、鎌ケ谷、鴨川、木更津、君津、佐倉、山武、白井、匝瑳、袖ケ浦、館山、銚子、東金、富里、流山、習志野、成田、野田、富津、船橋、松戸、南房総、茂原、八街、八千代、四街道

神奈川県（横浜市） 19

厚木、綾瀬、伊勢原、海老名、小田原、鎌倉、**川崎**、**相模原**、座間、逗子、茅ヶ崎、秦野、平塚、藤沢、三浦、南足柄、大和、横須賀

新潟県（新潟市） 20

阿賀野、糸魚川、魚沼、小千谷、柏崎、加茂、五泉、佐渡、三条、新発田、上越、胎内、燕、十日町、長岡、見附、南魚沼、妙高、村上

山梨県（甲府市） 13

上野原、大月、甲斐、甲州、中央、都留、韮崎、笛吹、富士吉田、北杜、南アルプス、山梨

長野県（長野市） 19

安曇野、飯田、飯山、伊那、上田、大町、岡谷、駒ヶ根、小諸、佐久、塩尻、須坂、諏訪、千曲、茅野、東御、中野、松本

静岡県（静岡市） 23

熱海、伊豆、伊豆の国、伊東、磐田、御前崎、掛川、菊川、湖西、御殿場、島田、下田、裾野、沼津、浜松、袋井、富士、藤枝、富士宮、牧之原、三島、焼津

富山県（富山市） 10

射水、魚津、小矢部、黒部、高岡、砺波、滑川、南砺、氷見

石川県（金沢市） 11

加賀、かほく、小松、珠洲、七尾、野々市、能美、羽咋、白山、輪島

福井県（福井市） 9

あわら、越前、大野、小浜、勝山、坂井、鯖江、敦賀

岐阜県（岐阜市） 21

恵那、大垣、海津、各務原、可児、郡上、下呂、関、高山、多治見、土岐、中津川、羽島、飛騨、瑞浪、瑞穂、美濃、美濃加茂、本巣、山県

愛知県（名古屋市） 38

愛西、あま、安城、一宮、稲沢、犬山、岩倉、大府、岡崎、尾張旭、春日井、蒲郡、刈谷、北名古屋、清須、江南、小

牧、新城、瀬戸、高浜、田原、知多、知立、津島、東海、
常滑、豊明、豊川、豊田、豊橋、長久手、西尾、日進、半田、
碧南、みよし、弥富

三重県（津市） 14

伊賀、伊勢、いなべ、尾鷲、亀山、熊野、桑名、志摩、鈴鹿、
鳥羽、名張、松阪、四日市

滋賀県（大津市） 13

近江八幡、草津、甲賀、湖南、高島、長浜、東近江、彦根、
米原、守山、野洲、栗東

京都府（京都市） 15

綾部、宇治、亀岡、木津川、京田辺、京丹後、城陽、長岡
京、南丹、福知山、舞鶴、宮津、向日、八幡

大阪府（大阪市） 33

池田、和泉、泉大津、泉佐野、茨木、大阪狭山、貝塚、柏
原、交野、門真、河内長野、岸和田、堺、四条畷、吹田、
摂津、泉南、大東、高石、高槻、豊中、富田林、寝屋川、
羽曳野、阪南、東大阪、枚方、藤井寺、松原、箕面、守口、
八尾

兵庫県（神戸市） 29

相生、明石、赤穂、朝来、芦屋、尼崎、淡路、伊丹、小野、
加古川、加西、加東、川西、三田、宍粟、洲本、高砂、宝
塚、たつの、丹波、丹波篠山、豊岡、西宮、西脇、姫路、
三木、南あわじ、養父

奈良県（奈良市） 12

生駒、宇陀、香芝、橿原、葛城、五條、御所、桜井、天理、大和郡山、大和高田

和歌山県（和歌山市） 9

有田、岩出、海南、紀の川、御坊、新宮、田辺、橋本

鳥取県（鳥取市） 4

倉吉、境港、米子

島根県（松江市） 8

出雲、雲南、大田、江津、浜田、益田、安来

岡山県（岡山市） 15

赤磐、浅口、井原、笠岡、倉敷、瀬戸内、総社、高梁、玉野、津山、新見、備前、真庭、美作

広島県（広島市） 14

安芸高田、江田島、大竹、尾道、呉、庄原、竹原、廿日市、東広島、福山、府中、三原、三次

山口県（山口市） 13

岩国、宇部、下松、山陽小野田、下関、周南、長門、萩、光、防府、美祢、柳井

徳島県（徳島市） 8

阿南、阿波、小松島、鳴門、美馬、三好、吉野川

香川県（高松市） 8

観音寺、坂出、さぬき、善通寺、東かがわ、丸亀、三豊

愛媛県（松山市） 11

今治、伊予、宇和島、大洲、西条、四国中央、西予、東温、新居浜、八幡浜

高知県（高知市） 11

安芸、香美、香南、四万十、宿毛、須崎、土佐、土佐清水、南国、室戸

福岡県（福岡市） 29

朝倉、飯塚、糸島、うきは、大川、大野城、大牟田、小郡、春日、嘉麻、北九州、久留米、古賀、田川、太宰府、筑後、筑紫野、那珂川、中間、直方、福津、豊前、みやま、宮若、宗像、柳川、八女、行橋

佐賀県（佐賀市） 10

伊万里、嬉野、小城、鹿島、唐津、神埼、多久、武雄、鳥栖

長崎県（長崎市） 13

壱岐、諫早、雲仙、大村、五島、西海、佐世保、島原、対馬、平戸、松浦、南島原

熊本県（熊本市） 14

阿蘇、天草、荒尾、宇城、宇土、上天草、菊池、合志、玉名、人吉、水俣、八代、山鹿

大分県（大分市） 14

宇佐、臼杵、杵築、国東、佐伯、竹田、津久見、中津、日田、豊後大野、豊後高田、別府、由布

宮崎県（宮崎市） 9

えびの、串間、小林、西都、日南、延岡、日向、都城

鹿児島県（鹿児島市） 19

姶良、阿久根、奄美、伊佐、出水、いちき串木野、指宿、鹿屋、霧島、薩摩川内、志布志、曽於、垂水、西之表、日置、枕崎、南九州、南さつま

沖縄県（那覇市） 11

石垣、糸満、浦添、うるま、沖縄、宜野湾、豊見城、名護、南城、宮古島

（注） 1　都道府県名の右の数字は、それぞれの市の合計数を示す。

　　　 2　波ケイは、政令指定都市（20市）を示す。

山、川、湖、名所等

［ア］

青島、赤城山、赤坂、阿賀野川、阿寒湖、安芸宮島、秋吉台、浅間山、足摺岬、芦ノ湖、飛鳥、明日香、阿蘇山、熱田神宮、渥美半島、阿武隈川、安倍川、天城山、天草、天香久山、天橋立、奄美大島、嵐山、有明海、淡路島

［イ］

硫黄島、斑鳩、壱岐水道、石垣島、石狩川、伊豆半島、五十鈴川、出雲大社、伊勢神宮、伊勢湾、潮来、厳島、猪苗代湖、犬吠埼、伊吹山、西表島、石廊崎、印旛沼

［ウ］

宇治川、有珠山、碓氷峠、内之浦、畝傍山、雲仙岳

［エ］

永平寺、江田島、越後平野、江戸川、択捉島、江ノ島、襟裳岬、遠州灘

［オ］

奥入瀬川、大井川、大江山、大島、大隅半島、大台ヶ原、男鹿半島、小笠原諸島、隠岐、沖永良部島、奥多摩、牡鹿半島、御前崎、親不知、遠賀川、御嶽山

［カ］

皆生、開聞岳、偕楽園、橿原神宮、鹿島灘、霞ヶ浦、月山、上高地、韓国岳、軽井沢、河口湖、川崎大師、観音崎、関門海峡、樺太、韓国

[キ]

紀伊水道、祇園、喜界島、北上川、木津川、鬼怒川、紀ノ川、吉備高原、清洲、霧ヶ峰、霧島、金華山、金閣寺、北朝鮮

[ク]

九十九里浜、九頭竜川、屈斜路湖、国後島、国東半島、球磨川、熊野灘、久米島、鞍馬山、黒部峡谷

[ケ]

華厳滝、下呂、玄界灘、兼六園

[コ]

甲子園、高野山、後楽園、五島列島、琴平山、駒ケ岳、小仏峠、金剛山、金比羅宮、黄河

[サ]

犀川、蔵王、相模湾、佐久間ダム、桜島、篠山盆地、佐田岬、薩摩半島、佐渡島、讃岐平野

[シ]

潮岬、色丹島、支笏湖、雫石、信濃川、志布志湾、志摩半島、島原半島、四万十川、下総台地、下北半島、積丹半島、斜里岳、修善寺、首里、城ヶ島、定山渓、小豆島、庄内平野、昭和新山、白糸ノ滝、不知火、白浜、知床岬、白馬岳、宍道湖、上海

[ス]

周防灘、鈴鹿山脈、須磨浦、隅田川、住吉大社、駿河湾、諏訪湖

[セ]

関ヶ原、瀬田、瀬戸内海、善光寺、浅草寺

[ソ]

層雲峡、宗谷海峡

[タ]

大王崎、大山、帝釈山、大雪山、太平洋、大菩薩峠、高尾山、高千穂、高遠、田子ノ浦、太宰府天満宮、田沢湖、只見川、竜飛崎、蓼科山、立山、多度津、谷川岳、種子島、田原坂、多摩川、玉造、丹後半島、壇ノ浦、丹波、大西洋、台湾、台北

[チ]

筑後川、千種川、竹生島、筑豊、千曲川、千島列島、知多半島、茶臼山、中禅寺湖、鳥海山

[ツ]

津軽半島、筑紫山地、筑波山、対馬、敦賀湾、鶴岡八幡宮、剣山、剱岳、津和野

[テ]

出羽三山、天竜川、天津

[ト]

道後、東尋坊、東大寺、洞爺湖、戸隠山、十勝岳、徳之島、土佐湾、十津川、利根川、登呂遺跡、瀞八丁、十和田湖

山、川、湖、名所等　67

［ナ］

直江津(ナオエツ)、長良川(ナガラ)、那智滝(ナチノタキ)、鳴門海峡(ナルトカイキョウ)、南西諸島(ナンセイ)、男体山(ナンタイ)、南京(ナンキン)

［ニ］

日光東照宮(ニッコウトウショウグウ)、人形峠(ニンギョウ)

［ネ］

根室海峡(ネムロカイキョウ)

［ノ］

濃尾平野(ノウビ)、納沙布岬(ノサップ)、野尻湖(ノジリ)、能登半島(ノト)、乗鞍岳(ノリクラ)

［ハ］

博多(ハカタ)、白山(ハクサン)、羽黒山(ハグロ)、箱根(ハコネ)、八丈島(ハチジョウ)、八幡平(ハチマンタイ)、八郎潟(ハチロウガタ)、八甲田山(ハッコウダ)、歯舞諸島(ハボマイ)、浜名湖(ハマナ)、葉山(ハヤマ)、播磨灘(ハリマ)、榛名山(ハルナ)、磐梯山(バンダイ)、板門店(ハンモンテン)

［ヒ］

比叡山(ヒエイ)、飛驒高地(ヒダ)、日高山脈(ヒダカ)、響灘(ヒビキ)、日向灘(ヒュウガ)、平泉中尊寺(ヒライズミチュウソンジ)、平戸島(ヒラド)、琵琶湖(ビワ)

［フ］

笛吹川(フエフキ)、深川(フカガワ)、富士山(フジサン)、伏見稲荷(フシミイナリ)、二見ヶ浦(フタミガウラ)、豊後水道(ブンゴスイドウ)、釜山(ブサン)

［ヘ］

平安神宮(ヘイアンジングウ)、北京(ペキン)

[ホ]

房総半島、法隆寺、穂高岳、保津川、香港

[マ]

米原、前穂高岳、枕崎、摩周湖、松島、松代

[ミ]

三浦半島、三笠、三方五湖、三国峠、三沢、身延山、三原山、三保松原、三宅島、宮古島、妙義山、妙高高原

[ム]

武蔵野台地、陸奥湾、室戸岬

[メ]

明治神宮

[モ]

最上川、本栖湖

[ヤ]

八重山列島、屋久島、靖国神社、薬師寺、八ヶ岳、八代海、大和川、山中湖、槍ヶ岳

[ヨ]

養老、吉野、淀川、与論島、揚子江

[レ] [ロ] [ワ]

礼文島、六甲山、若狭湾、和歌浦

同 音 異 義 語

漢字	意　　　　味	用　　　　法
意思	考え	意思表示
意志	強い気持ち	意志薄弱
遺志	生前の考え	故人の遺志を生かす
異状	ちがった様子	身体には異状がない
異常	通常でない	性格異常者
移動	場所を変える	部隊が移動する
異動	人員の配置を変える	人事異動
異同	違い	字句の異同
解雇	雇っていた者をやめさせる	不当解雇
回顧	ふりかえる	幼時を回顧する
懐古	昔を思う	懐古の情
回答	返事	照会に対する回答
解答	解明して答える	模範解答
開放	あけ放す	門戸を開放する
解放	解き放す	人質を解放する
仮説	仮に設ける説	命題の仮説
架設	かけわたす	電線の架設
過程	プロセス	事件の過程
課程	課された一定の仕事の程度	初任科課程
喚起	呼びさます	注意を喚起する
換気	空気を入れかえる	換気扇
歓喜	非常によろこぶ	歓喜にふるえる
監視	注意して見張る	厳重に監視する
環視	多くの人が注目している	衆人環視の中で
観賞	見て楽しむ	桜の花を観賞する
鑑賞	芸術品を味わい理解する	音楽を鑑賞する

感心	心に深く感じる	感心な行い
関心	心を引かれる	関心を持つ
歓心	喜ぶ心	上司の歓心を買う
寒心	ぞっとする	寒心に堪えない非行問題
器械	道具	器械体操
機械	動力で動くしかけ	精密機械
機会	チャンス	機会を与える
奇怪	不思議	奇怪な出来事
既製	商品としてできあがっている	既製品
既成	すでにできあがっている	既成事実
期成	目標達成をめざす	反対期成同盟
規正	悪い点をただす	政治資金規正法
規制	制限する	交通規制
帰省	故郷に帰ること	帰省休暇
気勢	勢い、いきごみ、元気	気勢をあげる
糾明	問いただす	容疑者を糾明する
究明	道理を究め明らかにする	事件の真相を究明する
救命	人命を救う	救命具
驚異	驚きあやしむ	驚異的な新記録
脅威	おびやかす	脅威にさらされる
競争	きそい争う	生存競争
競走	駆けくらべ	駅伝競走
局限	範囲を限る	問題を局限する
極限	ぎりぎりの限度	体力の極限
極言	極端な言い方	極言すれば
群衆	むらがり集まった人々	群衆を扇動する
群集	むらがり集まる	群集心理
決済	きまりをつける	現金で決済する
決裁	権限者が可否を決める	決裁を仰ぐ
原状	もとの状態	原状回復

現状	現在の状態	現状打破
交換	取りかえる	名刺を交換する
交歓	ともに楽しむ	交歓試合
好感	このましい印象	好感を与える
更生	よみがえる	悪の道から更生する
厚生	生活を豊かにする	福利厚生
後世	のちの世	後世に名を残す
校正	誤字・脱字などを正す	校正刷り
攻勢	攻撃する態勢	攻勢に転ずる
公報	官庁による告知	選挙公報
広報	一般の人に広く知らせる	広報活動
勾留	被告人や被疑者を、一定場所に留置する処分	勾留期間を延長する
拘留	犯罪者を、1日以上30日未満の間、拘置所に留め置く刑罰	軽犯罪法違反で拘留する
五官	目・耳・鼻・舌・皮膚の五つの器官	五官に感ずる
五感	視・聴・嗅・味・触の五つの感覚	五感が鋭い
固持	固く守って変えない	信念を固持する
固辞	固く辞退する	謝礼を固辞する
採決	賛否により決める	議案を採決する
裁決	さばき	裁決を下す
最後	いちばんあと	最後を飾る
最期	死にぎわ	壮烈な最期
時期	期間	時期尚早、花見の時期
時機	適当な機会	時機を失する
時世	時代、世の中	いい時世だ
時勢	世のなりゆき	時勢に押し流される

字典	漢字を解説した書物	漢字字典
事典	ことがらを解説した書物	百科事典
辞典	言葉を解説した書物	国語辞典
試問	ためしに問う	口頭試問
諮問	意見を求める	審議会に諮問する
修業	習い修める	修業証書
終業	仕事や授業を終える	終業時間
就業	仕事に就く	就業規則
周知	広く知れ渡っている	周知徹底させる
衆知	多勢の知恵	衆知を集める
収用	取りおさめて使う	土地収用法
収容	人や物をおさめ入れる	収容人員
主宰	中心になって物事を行う	会議を主宰
主催	中心になって催しを行う	展覧会の主催者
紹介	引き合わせる	人を紹介する
照会	問い合わせる	身元を照会する
傷害	傷を負わせる	傷害罪
障害	さまたげ	障害を乗り越える
食事	飯などを食べる	食事をとる
食餌	食べ物、えさ	食餌療法
食料	食べ物	生鮮食料
食糧	主食	食糧危機
所用	用事	所用で外出する
所要	必要	所要の手続き
心身	心とからだ	心身を鍛える
心神	精神	心神喪失
伸長	伸びる	体力の伸長
深長	意味が深くて含みがある	意味深長な笑い
慎重	軽はずみでない	慎重を期する

新調	新しく物品を作る	背広を新調する
精根	気力	精根が尽きる
精魂	たましい	精魂を込める
制作	芸術作品を作る	絵画を制作する
製作	実用的なものを作る	家具を製作する
清算	きまりをつける	借金を清算する
精算	詳しい計算をする	運賃を精算する
成算	見とおし	この計画には成算がある
正装	正式の服装	儀式の正装
盛装	はなやかに着飾る	盛装の婦人
勢力	勢い	勢力を伸ばす
精力	活動的	精力を傾ける
摂生	健康に気をつける	摂生に努める
節制	ひかえめにする	酒を節制する
占用	自分の物にして使う	道路を占用する
専用	ある目的またはある人だけが使う	社長の専用車
阻害	さまたげる	発育を阻害する
疎外	のけものにする	仲間から疎外される
対称	つり合う	左右対称
対象	相手、目標	調査の対象
対照	比較	対照的な性格
大成	大きく成功する	学者として大成する
大勢	おおよそのなりゆき	大勢が決まる
体制	仕組み	資本主義体制
体勢	姿勢	体勢が崩れる
態勢	身構え	態勢を立て直す
体面	面目	体面を保つ
対面	向き合う	対面交通

探求	さがし求める	人生の意義を探求する
探究	見きわめる	真理を探究する
沈痛	心を痛める	沈痛な面持ち
鎮痛	痛みをしずめる	鎮痛剤
追及	追いつめる	犯人を追及する
追求	求める	利潤を追求する
追究	きわめる	真理を追究する
適正	正しい	適正な価格
適性	適した性質	適性のない人
転化	別のものに変わる	戦争が長期戦に転化する
転嫁	なすりつける	責任を転嫁する
添加	添え加えること	防腐剤を添加する
点火	火をつけること	自動点火
同士	同じ仲間	友達同士
同志	同じ志を持つ者	同志の人々
排水	外へ出す	排水をよくする
廃水	汚水	廃水を川へ流す
発行	出す	雑誌を発行する
発効	効力を発する	条約が発効する
必死	死にものぐるい	必死に逃走する
必至	必ずそうなる	成功は必至だ
不純	純粋でない	不純な動機
不順	順調でない	不順な天候
不信	信用しない	不信の念をいだく
不審	疑わしい	挙動不審
不振	ふるわない	成績不振
腐心	苦心	金策に腐心する
不断	絶えず	不断の努力
普段	いつも	普段の心掛け

平行	どこまで行っても交わらない	平行線をたどる
平衡	つりあいがとれている	平衡を保つ
並行	並んで行く	線路に並行した道路
閉口	困り切る	子供に泣かれて閉口する
保険	損害補償制度	生命保険
保健	健康保持増進	保健所
保証	請け合う	身元を保証する
保障	保護して損害を与えない	安全を保障する
補償	損害を補い償う	刑事補償
明記	はっきり書く	条文に明記する
銘記	心にきざむ	銘記して忘れない
有為	才能がある	前途有為の青年
優位	有利な立場	優位に立つ
遊技	許可営業の娯楽	遊技場
遊戯	一般の遊びごと	子供の遊戯
用件	用向き	用件を済ます
要件	大切な事柄	要件を具備する
用量	用いる分量	投薬の用量
容量	中にはいる分量	タンクの容量
予断	前もって判断する	予断を許さない
余談	雑談	余談はさておき
予知	予見	地震を予知する
余地	余裕	情状酌量の余地
累計	合計数	経費の累計
類型	典型	類型化
連係	つながりを持つ	連係動作
連携	協力する	連携して事に当たる
労使	労働者と使用者	労使の代表者
労資	労働者と資本家	労資協調

異字同訓

用語	意味	用法
合う	ぴったり一致する。	計算が合う。
会う	顔と顔をあわせる。	人に会いに行く。
遭う	思いがけなくばったりあう。	災難に遭う。
上がる	位置・価値・程度などが、下から上へうつる。	地位が上がる。
挙がる	もちあげて、よく見えるようになる。	犯人が挙がる。
揚がる	空中高くあがる。	花火が揚がる。
価	金額のあたい。	価が高くて買えない。
値	価値。ねうち。	称賛に値する。
温かい	そのもの全体の温度が高く気持ちがよい。	体が温かい。
暖かい	陽気や温度などがほどよい。	暖かい気候。
暑い	気温が高い。	暑い日。
熱い	物の温度が高い。	熱い湯。
厚い	厚みがある。	厚い本。
当てる・当たる	他のものに触れるようにする。	胸に手を当てる。ボールが体に当たる。
充てる	足りないところにちょうど入れる。	建築費に充てる。保安要員に充てる。
宛てる	特定のところに向けて送る。	恩師に宛てて手紙を書く。
跡	物事が行われた所に残っているしるし。	車輪の跡。
痕	傷などを受けて残っているしるし。	傷痕が痛む。
怪しい	疑わしい。	挙動が怪しい。
妖しい	魅惑的である。	妖しい魅力。
誤る	まちがう。	方針を誤る。
謝る	わびる。	過失を謝る。

異字同訓　77

荒い	おだやかでない。	気が荒い。
粗い	大ざっぱ。	網の目が粗い。
表す	おもてに出してあらわす。	喜びを表す。
現す	かくれていたものをあきらかに見せる。	姿を現す。
著す	本に書いて世の中に出す。	書物を著す。
合わせる	ぴったりと一致させる。	力を合わせる。
併せる	あわせて一つにする。	両者を併せて考える。
行く	他のところへいく。	電車で行く。
逝く	人が死ぬ。	ぽっくり逝く。
痛む	体や心がいたく感じる。	胸が痛む。
傷む	きずがつく。	りんごが傷む。
悼む	人の死をおしみ悲しむ。	友の死を悼む。
歌	西洋式のもの。	歌を歌う。
唄	日本式の、特に三味線などに合わせてうたうもの。	小唄の師匠。
打つ	手や物でたたく。	くぎを打つ。
討つ	武器を用いて殺す。	賊を討つ。
撃つ	鉄砲のたまなどを発射する。	拳銃を撃つ。
写す	書きうつす。そのままうつしとる。	書類を写す。 写真を写す。
映す	かげや光を他のものの表面にあらわす。	鏡に姿を映す。
犯す	法律・規則・道徳の定めを破る。	婦女を犯す。
侵す	他人の領分や権利に、勝手にふみ入る。	住居を侵す。
冒す	むこうみずに事を行う。	危険を冒す。
後れる	他のものよりあとになる。	流行に後れる。
遅れる	定められた日時に間に合わない。	会合に遅れる。
抑える	しりぞける。とめる。	怒りを抑える。
押(さ)え	動かないようにおしつける。とら	証拠を押さえる。

る	える。	
収まる	きちんと中に入る。片付く。	争いが収まる。
治まる	乱れたものがしずまる。おだやかな状態になる。	痛みが治まる。
修まる	行いがよくなる。学問などが身につく。	学が修まる。
納まる	受け手に正しく渡される。落ち着く。	国庫に納まる。
押す	向こうへやる。力でおさえる。	ベルを押す。
推す	支持する。おしはかる。	会長に推す。
恐れる	こわがる。	死を恐れる。
畏れる	かしこみおそれる。	師を畏れ敬う。
下りる	上から動いてきて下に着く。	許可が下りる。
降りる	高い所・高い地位・乗り物などから下にうつる。	役職から降りる。
省みる	自分の行いについて、その良否をよく考える。	自らを省みる。
顧みる	過ぎ去った物事をふり返って、その状態をみる。	過去を顧みる。
代える	あるものや人に、その役をさせる。	投手を代える。
変える	前とすっかりちがったようすにする。	予定を変える。
換える	別の種類のものにとりかえる。	電車を乗り換える。
替える	前のものをやめて、別のものを登場させる。	振り替える。
係る	かかわる。	本件に係る訴訟。
掛かる	ひっかかる。つりさがる。おおいかぶさる。物事を始める。	心に掛かる。
架かる	二つの間にまたがる。	橋が架かる。
懸かる	結んで離れないようになって下がる。	優勝が懸かる。

形	かたどられて物に表われたかたち・すがた。	跡形もなく。
型	いがた。手本。タイプ。	型にはまる。
固い	外から力を加えてもこわれないほど、しっかりしている。ゆとりがない。確実である。	頭が固い。 固く信じる。
堅い	中まできっちりつまっていてかたい。しっかりしている。	堅い材木。 手堅い商売。
硬い	鉱物などが、かたくつめたい。	硬い石。 表情が硬い。
皮	動植物の表面をおおっている部分。	皮をはぐ。
革	けものの皮の毛と脂肪をとってやわらかくしたもの。	革の靴。
乾く	水分や湿気が蒸発してなくなる。	空気が乾く。
渇く	水分を欲する状態になる。	のどが渇く。
利く	よくはたらく。役に立つ。	無理が利く。
効く	きき目がある。効果がある。	薬が効く。
聞く	音や声が自然にきこえてくる。	うわさを聞く。
聴く	自分のほうから身を入れてきく。	音楽を聴く。
切る	つながっているものをはなす。	野菜を切る。
斬る	生きているものをきる。	刀で斬（切）る。
請う	許してくれるよう頼む。	許可を請（乞）う。
乞う	あることをしてほしいと頼む。	乞う御期待。
越える	物の上を過ぎて、向こうへ行く。	峠を越える。
超える	一定の分量を過ぎて、その先へ行く。	限度を超える。
答える	相手の問いに対してこたえる。	質問に答える。
応える	相手の望みにこたえる。	期待に応える。
混む	その場所が人で一杯になる。	電車が混（込）む。
込む	物の中に入る。	負けが込む。
割く	むりに一部を切りはなして、他の	時間を割く。

裂く	用途にあてる。引きやぶる。	布を裂く。
下げる	高い所から低い所へ向かわす。	値段を下げる。
提げる	手にさげて持つ。	荷物を手に提げる。
刺す	先のとがったもので突く。	人を刺す。
指す	指でその方向を明らかにする。	指し示す。
差す	はいり込む。中に入れる。	光が差す。
挿す	ものの間にはさみ込む。	花を花瓶に挿す。
冷める	熱いものの温度が低くなる。	湯が冷める。
覚める	眠りや迷いの状態が終わって、普通の状態になる。	目が覚める。
沈める	水の中などで、下のほうに向かわせる。	船を沈める。
静める	静かに落ち着かせる。	気を静める。
鎮める	おさえつけて、動かないようにする。	反乱を鎮める。
閉める	とじる。ふさぐ。	戸を閉める。
絞める	ひもなどを回して、おさえちぢめる。	首を絞める。
締める	ゆるんだところをなくして、強く結びつける。	ねじを締める。
進める	前の方へ行かせる。	交渉を進める。
勧める	さそいうながす。	入会を勧める。
薦める	ほめて用いるように説く。	良書を薦める。
沿う	はなれないようについて進む。	線路に沿って歩く。
添う	相手のそばにいる。	付き添う。
訪ねる	人・場所をおとずれる。	知人を訪ねる。
尋ねる	質問する。	道を尋ねる。
戦う	たがいに力を出しあって勝ちを争う。	敵と戦う。
闘う	見えない敵とたたかう。	病気と闘う。

異字同訓

断つ	つながりを一時的にさえぎる。	酒を断つ。
絶つ	つながりをそこで終わりにする。	消息を絶つ。
裁つ	布などを切る。	生地を裁つ。
使う	人や物などを使役して動かす。	機械を使う。
遣う	物事を役に立つように動かす。	気を遣う。小遣い銭。
付く	一緒になる。	気が付く。
就く	とりかかる。	職に就く。帰途に就く。
着く	到着する。	席に着く。
作る	物をこしらえる。	米を作る。
造る	物をつくり上げる。	船を造る。
創る	今までなかったものを初めてつくり出す。	新しい文化を創（作）る。
慎む	ひかえ目にする。	酒を慎む。
謹む	うやうやしくかしこまる。	謹んで聞く。
勤まる	与えられた仕事を毎日のように行う。	この会社は彼には勤まらない。
務まる	与えられた役目を行う。	主役は務まらないだろう。
努める	努力する。	解決に努める。
務める	役めをする。	議長を務める。
勤める	仕事につく。	会社に勤める。
溶く	液体のようにする。	水で溶く。
解く	ときほぐす。	問題を解く。
調える	程よくそろえる。過不足なくまとめる。	費用を調える。
整える	形をきちんとさせる。	隊列を整える。
飛ぶ	空をかけまわる。	うわさが飛ぶ。
跳ぶ	跳ね上がる。	跳びはねる。
捕らえる	追いかけて行って押さえる。	犯人を捕らえる。
捉える	手で持って離さない。	文章の要点を捉える。
取る	手にとる（一般的に広く用いられる）。	資格を取る。

捕る	つかまえる。	ねずみを捕る。
執る	物事をしっかりとつかんでとり行う。	筆を執る。
採る	選んでとりあげる。ひろいとる。	血を採る。
撮る	写真機などでとらえる。	写真を撮る。
直す	悪いところをなくして、正しくする。	故障を直す。
治す	特に、身体の故障や病気をよくする。	風邪を治す。
匂い・匂う	良い香りがする。	梅の花の匂い。香水がほのかに匂う。
臭い・臭う	鼻で不快なにおいを感じる。	魚の腐った臭い。生ごみが臭う。
乗せる	物（とくに乗り物）の上にあげる。	車に乗せる。
載せる	物を上に置く。	自動車に貨物を載せる。
伸ばす	ちぢんでいるのをひきのばす。	手足を伸ばす。
延ばす	時間をひきのばす。範囲をひろげる。	出発を延ばす。
延べる	同じものをつぎたして長くする。	出発の期日を延べる。
伸べる	広げのばす。	手を伸べて助け起こす。
上る	下から上へ向かう。ある数量に達する。	坂を上る。
昇る	高く上へあがる。	日が昇る。
登る	足を使って高いところに行く。	木に登る。
図る	物事の見積もりを立てる。	解決を図る。
計る	物の数をかぞえる。だます。	時間を計る。
測る	深さ・高さ・長さなどを明らかにする。	距離を測る。
量る	目方や分量を調べる。	目方を量る。
諮る	意見をたずねる。	審議会に諮る。
謀る	悪事をくわだてる。	悪事を謀る。

初め	ものや時間の最初の部分（主として時に関係する場合）。	年の初め。
始め	物事の起こり（主として事柄に関係する場合）。	始めと終わり。
放す	自由にさせる。	見放す。
離す	くっついているものを分ける。	目を離す。
早い	時間や時期が短い・以前である。	時期が早い。
速い	速度がすみやか。	テンポが速い。
早まる	時刻や時期を前にする。	出発時間が早まる。
速まる	掛かる時間を少なくする。	回転のスピードが速まる。
張る	引き伸ばして長くしたり広げたりする。	氷が張る。
貼る	薄いものをのりなどでつける。	ポスターを貼る。
殖える	財産などが多くなる。	財産が殖える。
増える	数や量が増す。	人数が増える。
舟	小さいふね。	小舟。
船	大型のふね。	船旅。
振るう	ふり動かす。さかんにする。	刀を振るう。
震う	ゆり動く。	声を震わせる。
奮う	勇み立つ。	勇気を奮う。
交じる	二つのものが入り組む。	白髪が交じる。
混じる	もともと別のものが、合わさって一緒になる。	異物が混じる。
回り	ぐるぐると動くこと。また、そのものの外側。	池を一回りする。
周り	物を囲んでいる外側のところ。	池の周り。
見る	物事を目で感じる。感覚でとらえて判断する。	面倒を見る。
診る	診断する。	患者を診る。
下(モト)	影響のおよぶ範囲。	法の下に平等。
元	物事の始まり。	火の元。

本	物事の成り立つ主要なところ。	本を正す。
基	土台、基礎。	資料を基にする。
柔らかい	しなやかだ。	柔らかい毛布。
軟らかい	ぐにゃぐにゃしている。かた苦しくない。	地面が軟らかい。
良い	すぐれている。好ましい。	品質が良い。
善い	道徳的にみて正しい。	善い行い。

反対語・対照語

＊常用漢字表以外の漢字

（あ）

愛好	憎悪
曖昧	明確
悪徳	美徳
悪筆	達筆
悪化	好転
圧勝	惨敗
侮る	敬う
安易	至難
暗示	明示
安定	動揺

（い）

違憲	合憲
依存	自立
委託	受託
一時的	永続的
一般	特殊・特別
違背	厳守
違反	遵守
異邦	本邦
陰気	陽気

（え）

栄転	左遷
円熟	未熟
怨恨	恩恵・恩義
延長	短縮

（お）

応召	召集
往信	返信
応答	質疑
横柄	謙虚
往路	復路
臆病	豪胆
汚水	浄水
穏健	過激
音読	黙読

（か）

解決	紛糾
解散	集合・設立
概算	精算
解体	合体
開封	封緘＊
開放	閉鎖
解放	拘束
快楽	苦痛・苦難
拡大	縮小
獲得	喪失
各論	総論
可決	否決
下降	上昇
加重	軽減
仮性	真性
加熱	冷却
加盟	離脱
歓喜	悲哀
甘言	苦言
干渉	放任
感情的	理性的
寛大	苛酷・厳重
貫徹	挫折
緩慢	敏速

（き）

既決	未決
希薄	濃厚
機敏	鈍重
客体	主体
虐待	愛護
却下	受理
逆境	順境
給水	排水
急性	慢性
及第	落第
狂気	正気
供給	需要
強固	薄弱
凶作	豊作
強靱＊（きょうじん）	脆弱＊（ぜいじゃく）
強制的	自発的
	任意的
強壮	虚弱
強大	弱小
虚偽	真実

巨視的	微視的	狡猾(こうかつ)*	愚直・実直	釈放	拘禁・逮捕
拒絶	受諾・承諾	強姦(ごうかん)*	和姦(わかん)*	借用	貸与
虚像	実像	攻撃	守備・防御	醜悪	美麗
巨大	微小	口語	文語	集権	分権
拒否	承認	厚情	薄情	収縮	膨張
近接	遠隔	強情	従順	集中	分散
緊張	弛緩(しかん)*	攻勢	守勢	終盤	序盤
勤勉	怠惰・怠慢	公然	内密	収賄	贈賄
		高騰	低落	祝辞	弔辞
(く)		購買	販売	淑女	紳士
偶然	必然	後尾	先頭	受信	送信・発信
苦痛	安楽・快楽	興奮	鎮静	受注	発注
		巧妙	拙劣	消火	点火・出火
(け)		雇用	解雇	賞賛	非難
軽快	荘重	根幹	枝葉	消費	生産
形式	実質	困難	容易・平易	抄本	謄本
軽率	慎重			消滅	発生
軽薄	重厚	**(さ)**		勝利	敗北
軽微	重大	細目	大綱	処女	童貞
決裂	妥協	雑然	整然	助長	阻害・防止
下落	騰貴			進行	停止
顕在	潜在	**(し)**		人災	天災
現実	理想	師匠	弟子	新参	古参
減少	増加	子孫	先祖	進捗	停滞
建設	破壊	死体	生体	進歩	退歩
喧騒(けんそう)*	静寂	失意	得意	進歩的	保守的
減退	増進	質素	華美・贅沢(ぜいたく)*	深夜	白昼
兼任	専任	子弟	父兄		
		資本家	労働者	**(す)**	
(こ)		自慢	自嘲・卑下	垂直	水平
郊外	都心	地味	派手	衰微	繁栄

反対語・対照語　87

杜撰(ずさん)	周到・綿密	脱色	着色	倍増	半減
		単純	複雑	博愛	偏愛
(せ)		短小	長大	反共	容共
清潔	不潔	断続	連続	反抗	服従
正式	略式	淡泊	濃厚	煩雑	簡易・簡略
脆弱(ぜいじゃく)	強靱(きょうじん)・頑強				
整頓	混乱・散乱	**(ち)**		**(ひ)**	
絶対	相対	中枢神経	末梢(まっしょう)神経	日陰	日向(ひなた)
設置	撤去	徴収	納入	悲観	楽観
節約	浪費	懲罰	褒章	卑下	自尊・自慢
是認	否認	沈下	隆起	悲報	朗報
戦争	平和			非凡	平凡
		(て)		表面	裏面
(そ)		締結	廃棄	肥沃	不毛
壮健	病弱	貞節	不貞		
総合	分析	敵対	友好	**(ふ)**	
早熟	晩熟	添加	削除・削減	不穏	平穏
早退	遅刻	天才	凡才	無事	有事
疎遠	親密・親近			不純	純真・純粋
粗雑	精密・綿密	**(と)**		不足	過剰・超過
粗末	大切	統一	分裂	富裕	貧困・貧乏
粗野	優雅	特別	普通・一般	紛争	和解・協調
尊敬	軽蔑・侮蔑	訥弁(とつべん)	能弁・雄弁	分離	合併・結合
損失	利得	鈍感	敏感		
尊属	卑属	貪欲	無欲	**(へ)**	
尊重	無視			平易	困難・難解
村落	都市	**(に)**			
		入用	不用	**(ほ)**	
(た)				邦画	洋画
代筆	直筆・自筆	**(は)**		忘恩	謝恩・報恩
多幸	薄幸	刃	峰	暴騰	暴落

豊富	欠乏	**(む)**			**(も)**	
		無学	博学・有学		模倣	創造・独創
(ま)						
末席	首席・上席	**(め)**			**(ゆ)**	
		滅亡	興隆・存続		優越感	劣等感
(み)		綿密	粗雑・杜撰(ずさん)		優遇	冷遇
密集	散在・点在				悠長	短気・性急
					優良	劣悪

四字熟語

＊印は常用漢字表外の漢字
△印は常用漢字音表外の読み方

曖昧模糊（あいまいもこ）＊　あやふやで、はっきりしないこと。

悪戦苦闘（あくせんくとう）　苦しみながら困難に打ち勝とうと努力すること。

暗中模索（あんちゅうもさく）　方法や手掛かりがつかめず、いろいろと探ってみること。

意気消沈（いきしょうちん）　元気がなくなって沈んでしまうこと。

異口同音（いくどうおん）　人々の意見が一致すること。

以心伝心（いしんでんしん）　口に出して説明しなくても、心が自然によく通じ合うこと。

一期一会（いちごいちえ）　この出会いが一生に一度のものと思って、大切に振る舞えと説く茶道の心得。

一日千秋（いちじつせんしゅう）　一日が千年に思われるほど、待ち焦がれる気持ち。

一部始終（いちぶしじゅう）　始めから終わりまで。

一網打尽（いちもうだじん）　罪人などをごっそり捕まえること。

一攫千金（いっかくせんきん）＊　一時に大きな利益を得ること。

一喜一憂（いっきいちゆう）　喜びと心配とが交互に訪れること。

一騎当千（いっきとうせん）　一人で千人の敵に対抗できるほど強いこと。

90　四字熟語

一挙両得（いっきょりょうとく）　一つの事を行って同時に二つの利益を得ること。

一触即発（いっしょくそくはつ）　ちょっと触れるとすぐ爆発しそうな危険な状態。

一所懸命（いっしょけんめい）　物事を命を懸けてやること。

一進一退（いっしんいったい）　進んだり退いたりすること。

一心同体（いっしんどうたい）　二人以上の人間が心を合わせ、全く同じ考えで行動するかのように見えること。

一石二鳥（いっせきにちょう）　一つの事をして、二つの利益を得ること。

一朝一夕（いっちょういっせき）　ほんの少しの間。

一刀両断（いっとうりょうだん）　きっぱり物事の処置をつけること。

意味深長（いみしんちょう）　表面上の意味の裏に別な意味が隠されていること。

因果応報（いんがおうほう）　善悪、その行為に応じた報いがあること。

紆余曲折（うよきょくせつ）*　事情がこみいって面倒なこと。

雲散霧消（うんさんむしょう）　物事が跡形もなく消えてしまうこと。

栄枯盛衰（えいこせいすい）　栄えたり衰えたりすること。

会者定離（えしゃじょうり）　会う者はいつかは離れる運命にあること。

温故知新（おんこちしん）　過去の物事や学説などを繰り返し研究して、新しい知識や道理を発見すること。

四字熟語	
外柔内剛（がいじゅうないごう）	表面は穏やかそうに見えるが、実際は意志などが強いこと。
偕老同穴（かいろうどうけつ）*	夫婦の堅い契り。
花鳥風月（かちょうふうげつ）	自然界の美しい風物。
我田引水（がでんいんすい）	物事を自分の都合のよいように言ったり行ったりすること。
画竜点睛（がりょうてんせい）△*	物事の最も大事な部分。
感慨無量（かんがいむりょう）	しみじみした思いが計り知れないほどに深いこと。
冠婚葬祭（かんこんそうさい）	慶弔（けいちょう）の儀式の総称。
勧善懲悪（かんぜんちょうあく）	よい事を褒め勧め、悪いことを戒め懲らすこと。
完全無欠（かんぜんむけつ）	完全で少しも欠けた所のないこと。
危機一髪（ききいっぱつ）	髪の毛一本くらいの違いで、大変危険な状態になりそうなこと。
起死回生（きしかいせい）	絶望状態にあることを再び盛り返させること。
起承転結（きしょうてんけつ）	漢詩の構成法の一つ。
疑心暗鬼（ぎしんあんき）	疑う心があると、何でもないことまで恐ろしく思われること。
奇想天外（きそうてんがい）	普通の人ではとても考えつかないような変わった思いつき。
喜怒哀楽（きどあいらく）	喜びと怒りと悲しみと楽しみ。

四字熟語

牛飲馬食（ぎゅういんばしょく）　たくさん食べたり飲んだりすること。

旧態依然（きゅうたいいぜん）　全く昔のままで進歩のない状態。

行住坐臥（ぎょうじゅうざが）　ふだんの立ち居振る舞い。

曲学阿世（きょくがくあせい）　曲学をもって時勢や権力者にこびへつらい、人気を得るような言動をすること。

玉石混淆（ぎょくせきこんこう）　良いものと悪いものとが入り混じっている状態。

虚心坦懐（きょしんたんかい）　心にわだかまりを持たず、気持ちがさっぱりとしているさま。

金科玉条（きんかぎょくじょう）　重要な法律や大事な規則。絶対のよりどころ。

空前絶後（くうぜんぜつご）　今までに一度もなく、今後も絶対に出現しないと思われるような極めてまれなこと。

群雄割拠（ぐんゆうかっきょ）　数多くの実力者が互いに勢力を競い争うこと。

軽挙妄動（けいきょもうどう）　軽はずみで向こう見ずな行動をすること。

言行一致（げんこういっち）　口で言うことと実際に行うことが同じであること。

権謀術数（けんぼうじゅっすう）　相手をうまくだます謀りごと。

厚顔無恥（こうがんむち）　あつかましくて、恥を知らない人。

綱紀粛正（こうきしゅくせい）　不正を正し、規律の乱れたものを正すこと。

巧言令色（こうげんれいしょく）　口先ばかりうまく、愛想よくして、人にこびへつらうこと。

四字熟語	意味
公序良俗（こうじょりょうぞく）	公衆の守るべき秩序と善良な風俗。
荒唐無稽（こうとうむけい）	大げさで、でたらめなこと。
公平無私（こうへいむし）	公平で少しも私心のないこと。
公明正大（こうめいせいだい）	公平で私心がなく、少しのやましさもないこと。
呉越同舟（ごえつどうしゅう）	敵味方が、たまたま一つのところに居合わすこと。
虎視眈眈（こしたんたん）	機会を逃すまいと狙っているさま。
故事来歴（こじらいれき）	昔の事柄のいわれ、起源、歴史。
五里霧中（ごりむちゅう）	物事に迷って思案にくれること。
言語道断（ごんごどうだん）	もってのほか。
再三再四（さいさんさいし）	同じ事が、繰り返し行われること。
山紫水明（さんしすいめい）	山水の風景の優れていること。
自画自賛（じがじさん）	自分で自分を褒めること。
時期尚早（じきしょうそう）	ある事を行うにしては、まだ時期が早すぎること。
試行錯誤（しこうさくご）	何回も試みて、失敗を重ねながらも、目的に迫っていくこと。
自業自得（じごうじとく）	自分の行った悪事によって、自分の身にその報いを受けること。

四字熟語	意味
事実無根（じじつむこん）	根も葉もないこと。
自縄自縛（じじょうじばく）	自分の言動で自分自身が思うようにならなくなること。
時代錯誤（じだいさくご）	現在の時勢を考慮しないで、ただ昔のやり方などを守っていること。
七転八倒（しちてんばっとう）	激しい苦痛に転げ回ってもがくこと。
質実剛健（しつじつごうけん）	真面目で飾り気がなく、しっかりしていて強いこと。
自暴自棄（じぼうじき）	自分で自分を粗末に扱い、捨てばちになること。
四面楚歌（しめんそか）*	周囲が全て敵という状況。
杓子定規（しゃくしじょうぎ）*	決まり切った考え方や規則、形式にとらわれて応用、融通のきかないこと。
弱肉強食（じゃくにくきょうしょく）	強いものが弱いものを侵略し、犠牲にすること。
縦横無尽（じゅうおうむじん）	自由自在であるさま。
終始一貫（しゅうしいっかん）	主義主張、態度などが最初から最後まで変わらないこと。
十人十色（じゅうにんといろ）	個性があるということ。
自由奔放（じゆうほんぽう）	自分の思うがまま、自由勝手に振る舞うこと。
熟慮断行（じゅくりょだんこう）	よく考えたうえで、思い切って行動すること。
取捨選択（しゅしゃせんたく）	良いものを選び取り、悪いものは選び捨てること。

首尾一貫（しゅびいっかん）	最初から最後まで一つの考え方で貫き通すこと。
順風満帆（じゅんぷうまんぱん）	物事が順調に行われること。
上意下達（じょういかたつ）	上位の者の意志、考え、命令などが下位の者にまで行き届くこと。
盛者必衰（じょうしゃひっすい）	世の中は無常であり、栄えているものも必ず衰えること。
枝葉末節（しようまっせつ）	主要でないものや事柄。
初志貫徹（しょしかんてつ）	最初にこうしようと思い立った志を、くじけずに最後まで貫き通すこと。
私利私欲（しりしよく）	自分の利益だけを考えて行動しようとする、卑しい欲望。
支離滅裂（しりめつれつ）	散り散りばらばらになって、筋道の立たないこと。
心機一転（しんきいってん）	ある事をきっかけとして、気持ちがすっかり変わること。
人権蹂躙＊＊（じんけんじゅうりん）	基本的な権利を踏みにじること。
人事不省（じんじふせい）	意識がなくなった状態。
信賞必罰（しんしょうひつばつ）	手柄があれば必ず賞を与え、罪があれば必ず罰すること。
針小棒大（しんしょうぼうだい）	針ほどの小さいことを棒のように大げさにいうこと。
森羅万象（しんらばんしょう）	宇宙のあらゆる存在や現象。
晴耕雨読（せいこううどく）	晴れた日には耕し、雨の日には書を読む気ままな生活。

四字熟語　95

晴天白日（せいてんはくじつ）	無実の罪の疑いが晴れること。
清廉潔白（せいれんけっぱく）	生活態度が清らかで、少しの不正もないこと。
是是非非（ぜぜひひ）	道理に従って善悪を判断すること。
切磋琢磨（せっさたくま）＊＊	学問や人格の修業向上に励むこと。
絶体絶命（ぜったいぜつめい）	生命が絶えるような、どうにもならない危険な状態。
千差万別（せんさばんべつ）	種々様々に違うこと。
戦戦恐恐（せんせんきょうきょう）	恐れおののくさま。
前代未聞（ぜんだいみもん）	今までに一度も聞いたことがないこと。
創意工夫（そういくふう）	新しい方法を思い巡らして考え出すこと。
速戦即決（そくせんそっけつ）	一気に戦いの勝敗を決すること。
率先垂範（そっせんすいはん）	人に先立って自らが手本を他の人々に示すこと。
大器晩成（たいきばんせい）	偉大な人物は、晩年になって大成する。
大義名分（たいぎめいぶん）	人として守るべき節操と本分。
泰然自若（たいぜんじじゃく）	落ち着いて物事に動じないさま。
大胆不敵（だいたんふてき）	度胸があり、ものおじしないこと。

四字熟語	意味
大同小異（だいどうしょうい）	少しの違いがあっても大体同じこと。
多士済済（たしせいせい）	優秀な人材が多いさま。
単刀直入（たんとうちょくにゅう）	前置きや余談を省いて、ずばり本題に入ること。
朝三暮四（ちょうさんぼし）	人を口先でだましたり、愚弄したりすること。
朝令暮改（ちょうれいぼかい）	命令や法規などの変更が頻繁なこと。
直情径行（ちょくじょうけいこう）	感情のおもむくままに行動すること。
猪突猛進（ちょとつもうしん）＊	向こう見ずに猛烈な勢いで突き進むこと。
沈思黙考（ちんしもっこう）	深く考え込むこと。
適材適所（てきざいてきしょ）	才能ある者を、その才能に最も適した地位や任務につけること。
徹頭徹尾（てっとうてつび）	最初から最後まで全部。
天衣無縫（てんいむほう）	飾り気がなくて、自然で無邪気なこと。
天変地異（てんぺんちい）	自然の異変。
当意即妙（とういそくみょう）	その場に応じた、うまい機転。
同床異夢（どうしょういむ）	同じ仕事をしたり、同じ立場にあっても、それぞれ目標や思惑が違うこと。
東奔西走（とうほんせいそう）	東に西に忙しく駆け回ること。

四字熟語	意味
独立独歩（どくりつどっぽ）	他人に頼らず、また左右されることなく自分の信念を実行すること。
内憂外患（ないゆうがいかん）	国内で起こる心配ごとと、外国から攻められる心配ごと。
二束三文（にそくさんもん）	数が多くて、しかも価格が極めて安いこと。
日進月歩（にっしんげっぽ）	日ごと月ごとに進歩すること。
二律背反（にりつはいはん）	同等の権利によって主張される二つの命題が、相互に矛盾すること。
馬耳東風（ばじとうふう）	何を言われても少しも心を動かさないこと。
波瀾万丈（はらんばんじょう）＊	激しい変化に富んでいること。
半信半疑（はんしんはんぎ）	半ば信じ、半ば疑うこと。
被害妄想（ひがいもうそう）	他人から危害を加えられると思い込んで、いつも恐怖感にかられていること。
美辞麗句（びじれいく）	美しく飾り立てた言葉。
表裏一体（ひょうりいったい）	二つのものが切り離せないくらい密接な関係にあること。
風光明媚（ふうこうめいび）＊	自然の眺めが特に良いこと。
不倶戴天（ふぐたいてん）＊	共にはこの天下に生きていられない間柄。
不言実行（ふげんじっこう）	あれこれ言わずに、黙って実際に行動すること。
不即不離（ふそくふり）	着かず離れずの関係を保つこと。

四字熟語

不撓不屈（ふとうふくつ）*	どんな困難に出会っても、心が堅く屈したり、くじけたりしないこと。
不偏不党（ふへんふとう）	どちらにも偏らないで、公正中立を守ること。
付和雷同（ふわらいどう）	一定の考えを持たず、無闇に人の考えに賛成すること。
粉骨砕身（ふんこつさいしん）	力の限り努力し、骨折って働くことのたとえ。
傍若無人（ぼうじゃくぶじん）	かたわらに人無きがごとく、勝手気ままに振る舞うこと。
茫然自失（ぼうぜんじしつ）*	あっけにとられて、我を忘れること。
本末転倒（ほんまつてんとう）	根本的な事と、そうでない事を混同すること。
無我夢中（むがむちゅう）	心を奪われ、我を忘れてひたすら熱中すること。
無味乾燥（むみかんそう）	全く面白味のないこと。
明鏡止水（めいきょうしすい）	邪念がなく、すっきりと明るく澄み切った心境。
面従腹背（めんじゅうふくはい）	表面では服従するように見せ掛け、内心では反抗すること。
唯我独尊（ゆいがどくそん）	誰よりも自分が一番偉いと、うぬぼれること。
優柔不断（ゆうじゅうふだん）	ぐずぐずして思い切りの悪いこと。
悠悠自適（ゆうゆうじてき）	俗世間を離れ、心静かにゆったりと暮らすこと。
羊頭狗肉（ようとうくにく）*	看板に偽りありということ。

四字熟語	意味
利害得失（りがいとくしつ）	利益と損失。
離合集散（りごうしゅうさん）	離れたり集まったりすること。
立身出世（りっしんしゅっせ）	成功して世間に名をあげること。
竜頭蛇尾（りゅうとうだび）	始めは盛んだが、終わりがふるわないたとえ。
理路整然（りろせいぜん）	話や議論、意見、物事の筋道がととのっていること。
臨機応変（りんきおうへん）	その場の情勢の変化に対応して適切な処置をすること。
老若男女（ろうにゃくなんにょ）	老人、若者、男性、女性全ての人。

漢字の主な部首

へん（偏）
（漢字の字形が左右に分けられる場合、その左の部分をなす字形）

[イ]	（にんべん　　）	……作、体、便、任、他、位、休、仁
[彳]	（ぎょうにんべん）	……往、復、行、彼、徒、後、徐、待
[氵]	（さんずい　　）	……池、海、湖、沼、汗、液、洋、泳
[冫]	（にすい　　　）	……冷、凍、凄、冴、冶、次、凝、凌
[木]	（きへん　　　）	……松、梅、枝、桜、机、橋、板、札
[禾]	（のぎへん　　）	……秋、税、積、私、移、和、種、穂
[礻]	（しめすへん　）	……礼、祝、禅、福、社、祈、祖、視
[衤]	（ころもへん　）	……初、補、被、裸、袖、襟、複、裕
[日]	（ひへん　　　）	……時、明、暗、映、昨、昭、晴、晩
[火]	（ひへん　　　）	……煙、焼、爆、畑、炉、灯、燈、煤
[月]	（にくづき　　）	……腹、胸、肌、腰、腕、腸、脳、肺
[月]	（つきへん　　）	……脱、朕、服、朋、膳、臆、脆
[土]	（つちへん　　）	……坂、地、城、塩、壊、垣、壇、塚
[扌]	（てへん　　　）	……打、指、持、握、援、押、扱、技
[言]	（ごんべん　　）	……記、詩、論、課、議、許、訓、計
[忄]	（りっしんべん）	……性、情、怪、快、慎、惜、憎、慣
[糸]	（いとへん　　）	……綿、絹、線、練、維、緑、縁、絵
[王]	（たまへん　　）	……球、理、環、珍、珠、班、玩、斑
[食]	（しょくへん　）	……飼、飲、飯、飾、館、飢、飴、蝕
[米]	（こめへん　　）	……粉、粒、精、粋、糧、粘、糀、粗
[口]	（くちへん　　）	……咲、吸、味、呼、鳴、喝、喫、唱
[目]	（めへん　　　）	……眼、眠、瞬、睡、眺、瞳、瞭、睦
[貝]	（かいへん　　）	……貯、財、贈、購、賠、販、賜、貼
[金]	（かねへん　　）	……銀、銅、鉄、鉛、鏡、鎖、銃、針
[阝]	（こざとへん　）	……陸、防、院、限、隣、階、阪、陰
[犭]	（けものへん　）	……猿、犯、狂、獄、猫、独、猟、猛

漢字の主な部首

[巾]	（はばへん）	……幅、帽、幡、帖、帆、幌
[釆]	（のごめへん）	……釈、釉
[牛]	（うしへん）	……牧、特、犠、牲、牡、物、牝
[足]	（あしへん）	……距、路、跡、踏、践、跳、躍、踊
[耳]	（みみへん）	……聴、取、恥、職、耽、耶
[矛]	（ほこへん）	……務
[耒]	（すきへん）	……耕
[丬、爿]	（しょうへん）	……状、将、壮、荘、蒋

■ つくり（旁）
（漢字の字形が左右に分けられる場合、その右の部分をなす字形）

[頁]	（おおがい）	……額、願、項、頃、順、頂、類、頼
[隹]	（ふるとり）	……雑、難、離、雄、雌、稚、雛、雁
[刂]	（りっとう）	……別、判、刑、列、割、剣、制、劇
[阝]	（おおざと）	……部、都、郡、郷、郊、邸、邦、邪
[力]	（ちから）	……助、勤、動、励、勘、切、幼、効
[殳]	（るまた）	……殺、役、投、殿、段、殴、設、没
[攵]	（ぼくづくり／のぶん）	……教、政、攻、救、敬、改、激、故
[欠]	（あくび）	……歌、吹、飲、欺、欧、軟、欲、次
[卩]	（ふしづくり）	……印、即、御、却、卸、卿
[彡]	（さんづくり）	……形、影、杉、彩、彰、彫、膨
[斤]	（おのづくり）	……折、祈、断、新、所、近、斬
[匕]	（さじのひ）	……匙、北、比、批、皆、昆
[卜]	（ぼくのと）	……外、掛、卦、朴
[斗]	（とます）	……科、料

■ かんむり（冠）
（漢字の字形が上下に分けられる場合、その上の部分をなす字形）

[亠]	（なべぶた）	……交、京、育、夜、率、卒、哀、高
[冖]	（わかんむり）	……冠、冗、冥、写、軍
[宀]	（うかんむり）	……安、客、宅、宣、案、宇、宴、害
[穴]	（あなかんむり）	……空、窮、究、窓、窃、突

[艹]	（くさかんむり）	……	花、英、葉、菊、茶、芽、茎、荷
[竹]	（たけかんむり）	……	筆、管、第、答、笛、笹、範、策
[雨]	（あめかんむり）	……	雪、雲、霜、電、雷、霧、霊、露
[癶]	（はつがしら）	……	発、登
[耂]	（おいかんむり おいがしら）	……	考、孝、者
[罒]	（あみがしら）	……	買、罪、罰、置、罷、署、羅
[人]	（ひとがしら ひとやね）	……	今、会、命、企、倉、全、傘、合
[八]	（はちがしら）	……	公、翁、谷、分
[夂]	（ふゆがしら）	……	冬、各、条
[虍]	（とらかんむり とらがしら）	……	虎、虚、虐、膚、虞
[幺]	（いとがしら）	……	幽、畿、幾、機

あし（脚）

（漢字の字形が上下に分けられる場合、その下の部分をなす字形）

[儿]	（ひとあし）	……	兄、光、先、党、免、元、完、見
[皿]	（さら）	……	盛、益、監、盗、盤、盟、盆、盃
[灬]	（れんが）	……	点、無、烈、魚、黒、熱、然、熟
[氺、水]	（したみず）	……	求、康、泰、暴、泉
[忄、心]	（したごころ）	……	恭、志、悪、恩、患、感、思、急
[土]	（つち）	……	型、堅、基、壁、墓、坐、墜、墨
[廾]	（にじゅうあし）	……	弁、算、鼻、昇、弊、升、奔、弄
[衣]	（ころも）	……	袋、装、裂、製、裏、表、襲、喪
[豕]	（いのこ）	……	象、豪

たれ（垂）

（漢字の字形の一部分において、上から左下にたれ下がっている字形）

[厂]	（がんだれ）	……	原、厚、圧、灰、厄、暦、歴、厘
[广]	（まだれ）	……	店、府、庭、広、庁、床、席、応
[疒]	（やまいだれ）	……	病、痛、癖、療、疾、疲、疫、痴
[尸]	（かばねだれ しかばね）	……	居、屈、属、局、屋、尾、尻、尿
[戸]	（とだれ）	……	扉、肩、房、戻、扇、雇

にょう（繞）
（漢字の字形の一部分において、偏と脚をかね合わせた字形）

［辶］	（しんにょう）	……送、近、辻、遵、巡、運、辺、遠
［廴］	（えんにょう）	……延、建、廷
［走］	（そうにょう）	……起、趣、超、赴、越
［鬼］	（きにょう）	……魅
［乚］	（ちょくにょう）	……直、置

かまえ（構）
（漢字の字形の一部分において、外側を囲むような字形）

［囗］	（くにがまえ）	……国、団、回、図、園、因、固、囚
［匸］	（はこがまえ）	……医、区、匹、匿、匪、匠
［門］	（もんがまえ）	……問、聞、間、開、閉、閲、闘、閣
［行］	（ぎょうがまえ）	……衛、術、街、衝、衡
［弋］	（しきがまえ）	……式、武、弐
［戈］	（ほこがまえ）	……我、戒、或、成、威
［气］	（きがまえ）	……気、汽
［勹］	（つつみがまえ）	……包、旬、句、勾、匆、匂
［冂］	（どうがまえ）	……同、円、内、周、丹、冊
［几］	（かぜがまえ／つくえ）	……凡、凪、風、凧
［凵］	（うけばこ／したばこ）	……凶、画、函

人名用漢字

○　戸籍法〔抄〕

> 公　　布：昭和22.12.22　法律第224号
> 最近改正：令和4.6.17　法律第68号

第50条　子の名には、常用平易な文字を用いなければならない。

②　常用平易な文字の範囲は、法務省令でこれを定める。

○　戸籍法施行規則〔抄〕

> 制　　定：昭和22.12.29　司法省令第94号
> 最近改正：令和4.3.8　法務省令第7号

第60条　戸籍法第50条第2項の常用平易な文字は、次に掲げるものとする。

(1)　常用漢字表（平成22年内閣告示第2号）に掲げる漢字（括弧書きが添えられているものについては、括弧の外のものに限る。）
(2)　別表第2に掲げる漢字
(3)　片仮名又は平仮名（変体仮名を除く。）

【注】　別表第2(1)のうち、※を付した漢字の同一の字種については掲載を省略した。また、漢字の読み方については定めていないので、便宜上適当な読みを、音は片仮名で、訓は平仮名で参考に加えた。

別表第２　漢字の表（第60条関係）

(1)

丑	チュウ・うし	丞	ジョウ・すすむ・すけ	乃	ダイ・ナイ・おさむ・の	之	シ・これ・ゆき・の	乎	コ・か・や	也	ヤ・なり		
云	ウン・いう・いわく	亙	※コウ・とおる・わたる	些	サ・いささか	亦	エキ・ヤク・また	亥	ガイ・い	亨	コウ・とおる・あきら		
亮	リョウ・あき・あきら・まこと	仔	シ・こ	伊	イ・これ・よし・おさむ・ただ	伍	ゴ・くみ・とも・いつつ・ひとし	伽	カ・とぎ・とが	佃	デン・つくだ		
佑	ユウ・すけ・たすく	伶	レイ・さとし・さと	侃	カン・つよし・あきら	侑	ユウ・すすむ・たすく	俄	ガ・にわか	俠	キョウ		
俣	また	俐	リ・かしこい	倭	ワ・やまと	俱	グ・ク・ともに	倦	ケン・うむ	倖	コウ・さいわい		
偲	シ・しのぶ	傭	ヨウ・やとう	儲	チョ・もうける	允	イン・まこと・まさ・よし	兎	ト・うさぎ	兜	ト・トウ・かぶと		
其	キ・その・それ	冴	※コ・ゴ・さえ	凌	リョウ・ひゆむる・しのぐ・しのぎ	凜	※リン・はげし	凧	たこ	凪	なぎ・なぐ		
凰	オウ・おおとり	凱	ガイ・かちどき・よし	函	カン・はこ	劉	リュウ	劫	ゴウ・キョウ・コウ・おびやかす	勁	ケイ・キン・つよし・たけし		
勺	シャク	勿	ブツ・モチ・なかれ	匁	もんめ	匡	キョウ・まさ・ただし・ただ	廿	ジュウ・にじゅう	卜	ボク・うらなう		
卯	ボウ・ウ・しげる・しげ	卿	ケイ・キョウ・きみ	厨	チュウ	厩	キュウ・うまや	叉	サ・シャ・また	叡	エイ・まさ・よし・あきら・さとる		
叢	ソウ・くさむら	叶	キョウ・かなう・やす	只	シ・シン・ただ・これ	吾	ゴ・ギョ・われ・わが	呑	ドン・のむ	吻	フン・くちびる		
哉	サイ・かな・や・か・ちか	哨	ショウ・みはり	啄	タク・ついばむ	哩	リ・マイル	喬	キョウ・たかし・たか	喧	ケン・かまびすしい		
喰	サン・くう・くらう	喋	チョウ・しゃべる	嘩	カ・かまびすしい	嘉	カ・ケ・よし・よしみ	嘗	ショウ・ジョウ・かつて・なめる	噌	ソウ・かまびすしい		
噂	ソン・うわさ	圃	ホ・はたけ	圭	ケイ・たま・かど・きよし	坐	ザ・おわす・すわる・そぞろに	尭	※ギョウ・たかし・たか	坦	タン・たいら		
埴	ショク・はに	堰	エン・せき	堺	カイ・さかい	堵	ト・かき	塙	コウ・はなわ	壕	ゴウ・ほり		
壬	ジン・ニン・みずのえ	夷	イ・えびす	奄	エン・おおう	奎	ケイ・また	套	トウ・かさねる	娃	アイ・うつくしい		
姪	テツ・めい	姥	ボ・うば	娩	ベン	嬉	キ・うれしい	孟	モウ・はじめ・たけし・たけ	宏	コウ・ひろし・ひろ		
宋	ソウ	宕	トウ・ほしいまま	宥	ユウ・なだめる・ひろ・ゆるす	寅	イン・とら	寓	グウ・よせる・よる	寵	チョウ・めぐむ		
尖	セン・とがる	尤	ユウ・とがめる・もっとも	屑	セツ・いさぎよい・くず	峨	ガ・けわしい	峻	シュン・たかし・たか	崚	リョウ		
嵯	サ・けわし	嵩	スウ・シュウ・たかし・たか	嶺	レイ・リョウ・ね・みね・たけ	厳	※ガン・ゲン・いわお・いわ	巫	フ・かんなぎ・みこ	已	イ・すでに・のみ・やむ		
巳	シ・ジ・み	巴	ハ・ともえ・とも	巷	コウ・ちまた	巽	ソン・たつみ・よし	帖	チョウ・ジョウ	幌	コウ・ほろ		
幡	ハン・はた・のぼり	庄	ショウ・ソウ	庇	ヒ・かばう・ひさし	庚	コウ・かのえ	庵	アン・いお・いおり	廟	ビョウ・みたまや		
廻	エ・カイ・まわる・めぐる	弘	コウ・グ・ひろし・ひろ	弛	シ・ゆるむ・たるむ	彗	スイ・ケイ・ははき	彦	ゲン・ひこ・よし	彪	ヒョウ・あや・とら		
彬	ヒン・あきら・あき・よし	徠	ライ・きたる・くる	忽	コツ・たちまち	怜	レイ・さとし・さと	恢	カイ・おおきい・ひろい	恰	コウ・チョウ・あたかも		
恕	ジョ・ゆるす	悌	テイ・ダイ・やすし・やす	惟	イ・これ・ただ	惚	コツ・ほれる	悉	シツ・ことごとく	惇	トン・ジュン・あつし・あつ		
惹	ジャク・ひく	惺	セイ・さとる・しずか	惣	ソウ	慧	ケイ・エ・あきら・あき	憐	レン・あわれむ	戊	ボ・つちのえ		

人名用漢字 107

或 ワク/ある・あるいは	戟 ゲキ/ほこ	托 タク	按 アン/おさえる	挺 テイ・チョウ/ぬきんでる	挽 バン/ひく
掬 キク/すくう・むすぶ	捲 ケン/まく	捷 ショウ/はやい	捺 ナツ/おす	捧 ホウ/ささげる	掠 リャク/かすめる・むちうつ
揃 セン/そろい・そろう・そろえる	摑 カク/つかむ	摺 ショウ/する	撒 サン・サツ/まく	撰 セン/えらぶ	撞 ドウ・シュ/つく
播 ハ・バン/まく	撫 ブ/なでる	擢 テキ・ヌく/ぬきんでる	孜 シ/つとめる	敦 トン・あつし	斐 ヒ/あきら・よし
斡 アツ/めぐる	斧 フ/おの	斬 ザン/きる	於 オ/おいて	旭 キョク・あさひ/あきら・あき	昂 コウ・あきら/たかし・たか
昊 コウ/そら	昏 コン/くらい	昌 ショウ・あきら/あき・まさ・すけ	昴 ボウ/すばる	晏 アン/やす・さだ	晃 コウ・てる
晒 サイ/さらす	晋 シン/すすむ	晟 セイ/あきら	晦 カイ・みそか/つごもり・くらす	晨 シン/あした・とき	智 チ・とも・さと/さとし・さとる
暉 キ・ひかり/あきら・てる	暢 チョウ・とおる・のぶ	曙 ショ/あけぼの	曝 バク/さらす	曳 エイ/ひく	朋 ホウ/とも
朔 サク/ついたち	杏 アン・キョウ/あんず	杖 ジョウ/つえ	杜 ト/もり	李 リ/すもも・もも	杭 コウ/くい
杵 ショ/きね	杷 ハ/さらい	枇 ビ	柑 カン/こうじ	柴 サイ/しば	柘 シャ/やまぐわ
柊 シュウ/ひいらぎ	柏 ハク/かしわ	柾 まさ・まさめ	柚 ユ/ゆず	桧 ※カイ/ひのき	栞 カン/しおり
桔 キツ・ケツ	桂 ケイ/かつら	栖 セイ	桐 トウ・ドウ/きり・ひさ	栗 リツ/くり	梧 ゴ/あおぎり
梓 シ/あずさ	梢 ショウ/こずえ・すえ	梛 ダ/なぎ	梯 テイ/はしご	桶 トウ/おけ	梶 ビ/かじ
椛 もみじ	梁 リョウ・うつばり/はり・やな	棲 セイ/すむ	椋 リョウ/むく	椀 ワン	楯 ジュン/たて
楚 ソ/いばら・すわえ	楕 ダ	椿 チン/つばき	楠 ナン・くす/くすのき	楓 フウ/かえで	椰 ヤ/やし
楢 ユウ/なら	楊 ヨウ/やなぎ	榎 カ/えのき	樺 カ/かば	榊 さかき	榛 シン/はしばみ
槙 ※シン・テン/こずえ・まき	槍 ソウ/やり	槌 ツイ/つち	樫 かし	槻 キ/つき	樟 ショウ・くす/くすのき
樋 トウ	橘 キツ/たちばな	樽 ソン/たる	橙 トウ/だいだい	檎 ゴ	檀 ダン/まゆみ
櫂 トウ・さお/さおさす	櫛 シツ/くし	櫓 ロ/やぐら	欣 キン・コン/よし・やすし	欽 キン/よし	歎 タン/なげく
此 シ・ここ/この・これ	殆 タイ・あやうい/ほとんど	毅 キ・つよし/たけし・たけ	毘 ヒ/たすける	毬 キュウ/まり	汀 テイ・ビ/なぎさ
汝 ジョ/なんじ	汐 セキ/うしお・しお	汲 キュウ/くむ	沌 トン	杳 トウ	沫 マツ/あわ
洸 コウ・あきら/たけし・たけ	洲 シュウ/す	洵 シュン・ジュン/まこと	洛 ラク	浩 コウ・ゆたか/ひろし・ひろ	浬 リ・カイリ/ノット
淵 エン/ふち	淳 ジュン/あつし・あつ	渚 ※ショ/なぎさ	淀 デン/よど・よどむ	淋 リ/さびしい	渥 アク/あつし・あつ
渾 コン・ゴン/すべて・にごる	湘 ショウ	湊 ソウ/みなと	湛 タン/たたえる	溢 イツ/あふれる	滉 コウ/ひろし
溜 リュウ/たまる・ためる	漱 ソウ/すすぐ	漕 ソウ/こぐ	漣 レン/さざなみ	澪 レイ/みお	濡 ジュ/ぬれる・ぬらす
瀬 ミ/みぎわ	灘 ダン・タン/なだ	灸 キュウ/やいと	灼 シャク	烏 ウ・オ・からす/いずくんぞ	焰 エン/ほのお
焚 フン/たく	煌 コウ・かがやく/きらめく	煤 バイ	煉 レン	熙 キ/ひろし	燕 エン/つばめ
燎 リョウ・やく/もえる・やける	燦 サン/あきら	燭 ショク・ソク/ともしび	燿 ヨウ・ひかり/かがやく	爾 ジ・ニ・しか/ちかし・ちか	牒 チョウ/ふだ

人名用漢字

牟 ボウ・ム	牡 ボ・おす	牽 ケン・ひく	犀 サイ	狼 ロウ・おおかみ	猪 ※チョ・い・しし
獅 シ・しし	玖 キュウ・ク	珂 カ	珈 カ	珊 サン	珀 ハク
玲 レイ・たま・あきら・あき	琢 ※タク・みがく	琉 リュウ・ル	瑛 エイ・てる・あきら・あき	琥 コ	琵 ハ
琶 ビ	琳 リン	瑚 コ	瑞 ズイ・みず	瑶 ヨウ・たま	瑳 サ・みがく
瓜 カ・うり	瓢 ヒョウ・ひさご・ふくべ	甥 セイ・おい	甫 フ・ホ・はじめ・すけ	畠 はたけ	畢 ヒツ・おわる・ことごとく
疋 ショ・ヒキ・ヒツ・ひき	疏 ソ・うとい・とおす	皐 コウ	皓 コウ・ひろし・ひろ・あきら	眸 ボウ・ひとみ	瞥 ベツ・みる
矩 ク・ただし・かね・つね	砦 サイ・とりで	砥 シ・と・みがく	砧 チン・きぬた	硯 ケン・すずり	碓 タイ・うす
碗 ワン	碩 セキ・ひろ	碧 ヘキ・あお・みどり	磐 バン・いわ	磯 キ・いそ	祇 ギ・シ
祢 ※ネ・デイ	祐 ユウ・すけ・たすく	祷 ※トウ・いのる	禄 ロク・よし	禎 ※テイ・さだ・よし・ただ	禽 キン・とり
禾 カ・のぎ	秦 シン・はた	秤 ショウ・ヒョウ・ビン・はかり	稀 キ・まれ・まばら	稔 ジン・ネン・とし・みのる	稟 ヒン・リン・うける
稜 リョウ・かど	穣 ※ジョウ・みのる・ゆたか	穹 キュウ	穿 セン・うがつ・はく	窄 サイ・せまい・すぼまる	窪 ワ・くぼ
窺 キ・うかがう	竣 シュン・おわる	竪 ジュ・たて	竺 ジク	竿 カン・さお	笈 キュウ・おい
笹 ささ	笙 ショウ	笠 リョウ・はず	笠 リョウ	筈 カツ	筑 チク
箕 き・み	箔 ハク	篇 ヘン・ふみ	篠 ショウ・しの	簞 タン・わりご	簾 レン・すだれ・す	籾 もみ
粥 シュク・イク・かゆ・ひさぐ	粟 ゾク・あわ	糊 コ・のり	紘 コウ・つな・ひろし・ひろ	紗 サ・シャ	紐 チュウ
絃 ゲン・いと	紬 チュウ・つむぎ	絆 ハン・バン・きずな・ほだし	絢 ケン・あや	綺 キ・かんた・あや・りんず	綜 ソウ・ス・すべる・おさ
綴 テイ・テツ・つづる・とじる	緋 ヒ・あか・あけ	綾 リョウ・リン・あや	綸 リン・カン・いと	縞 コウ・しま	徽 キ・よい
繋 ケイ・かかる・つなぐ	繡 シュウ・ぬいとり	纂 サン・あつめる	纏 テン・まとい・まとう	羚 レイ・かもしか	翔 ショウ・かける・とぶ
翠 スイ・みどり	耀 ヨウ・あきら・かがやく	而 ジ・しこうして・しかるに・なんじ	耶 ヤ・シャ・か・ちち	耽 タン・ふける	聡 ソウ・さとし・さと・あきら
肇 チョウ・とし・はじめ・はじむ	肋 ロク・あばら	肴 コウ・さかな	胤 イン・たね・つぐ	胡 コ・えびす	脩 シュウ・おさむ・おさ
腔 コウ・うつろ	脹 チョウ・はれる・ふくれる	膏 コウ・あぶら	臥 ガ・ふす	舜 シュン・きよ・みつ	舵 ダ・かじ
芥 カイ・ケ・あくた・からし	芹 キン・ゴン・せり	芭 バ・ハ	芙 フ・ブ・はす	芦 ロ・あし・よし	苑 エン・オン・その・にわ
茄 カ・ケ・なす・なすび	苔 タイ・こけ	苺 ボウ・バイ・いちご	茅 ボウ・ミョウ・かや	茉 マツ・バツ	茸 ジョウ・きのこ・しげる・たけ
茜 セン・あかね・あか	莞 カン・ガン・ほほえむ	荻 テキ・おぎ	莫 バク・ボ・マク・ない・なかれ	莉 リ	菅 カン・すげ・すが
菫 キン・すみれ	菖 ショウ・あやめ	萄 ドウ	菩 ボ	萌 ※ホウ・もえる・もえ	萊 ライ・あかざ
菱 リョウ・ひし	華 イ・あし・よし	葵 キ・ギ・あおい	萱 ケン・かや・わすれぐさ	葺 シュウ・ふく	萩 シュウ・はぎ・よもぎ
董 トウ・ただす	葡 ブ・ホ	蓑 サ・みの	蒔 シ・ジ・うえる・まく	蒐 シュウ・あつめる	蒼 ソウ・あおい
蒲 ホ・ブ・フ・がま	蒙 モウ・くらい・こうむる	蓉 ヨウ・ユ・はす	蓮 レン・はす・はちす	蔭 イン・かげ	蔣 ショウ・まこも

人名用漢字

蔦 チョウ・ジョウ／つた	蓬 ホウ／よもぎ	蔓 マン・つる／はびこる	蕎 キョウ	蕨 ケツ／わらび	蕉 ショウ・ジョウ／あくた
蕃 バン／えびす・しげる	蕪 ブ／あれる・かぶ・かぶら	薙 チ・テイ／なぐ	蕾 ライ／つぼみ	蕗 ロ／ふき	藁 コウ／わら
薩 サツ	蘇 ソ・ス／よみがえる	蘭 ラン／あららぎ・か	蝦 カ・ガ／えび	蝶 チョウ	螺 ラ／にな・にし
蟬 セン・ゼン／せみ	蟹 カイ／かに	蠟 ロウ	衿 キン／えり	袈 カ・ケ	袴 コ／はかま
裡 リ／うら	裟 サ・シャ	裳 ショウ／も	襖 オウ／あお・ふすま	訊 ジン・とう／たずねる	訣 ケツ／わかれる
註 チュウ／ときあかす	詢 ジュン／まこと	詫 タ／わびる	誼 ギ／よしみ	諏 シュウ・シュ・ス・ソウ／はかる	諄 ジュン／しげ・とも
諒 リョウ・あき／まこと・まさ	謂 イ／いう・おもう	諺 ゲン／ことわざ	讃 サン／そしる	豹 ヒョウ	貰 セイ／もらう
賑 シン／にぎやか・にぎわう	赳 キュウ／たけし・たけ	跨 コ・マタぐ／またがる	蹄 テイ／ひづめ	蹟 セキ／あと	輔 ホ・フ／たすけ・すけ
輯 シュウ／あつめる	輿 コ／よし	轟 ゴウ／とどろく	辰 シン／たつ・とき	辻 つじ	迂 ウ／まがる
迄 キツ／まで	辿 テン／たどる	迪 テキ／すすむ・ただす	迦 カ	這 はう	逞 たくましい
逗 トウ・ズ／とどまる	逢 ホウ	遥 ヨウ／はるか・はる	遁 トン／のがれる	遼 リョウ／はるか・とお	邑 ユウ／むら・くに
祁 キ	郁 イク・かおる／あや・かおり	鄭 テイ・ジョウ／ねんごろ	酉 とり・みのる	醇 ジュン／あつし	醐 ゴ
醍 ダイ	醬 ショウ／ひしお	釉 ユウ／うわぐすり	釘 テイ／くぎ	釧 セン／くしろ	銑 セン
鋒 ホウ／はこさき	鋸 キョ／のこぎり	錘 スイ／つむ	錐 スイ／きり	錆 セイ・ショウ／さび	錫 セキ・シャク／すず
鍬 シュウ・ショウ／くわ	鎧 ガイ／よろい	閃 セン／ひらめく	閏 ジュン／うるう	閤 コウ／くぐりど	阿 ア／お・くま
陀 ダ	隈 ワイ／くま	隼 ジュン・シュン／はや・はやぶさ	雀 ジャク／すずめ	雁 ガン・かり／かりがね	雛 スウ／ひな
雫 しずく	霞 カ／かすみ	靖 セイ・やすし／やす・のぶ	鞄 ホウ／かばん	鞍 アン／くら	鞘 ショウ／さや
鞠 キク／まり	鞭 ベン・むち／むちうつ	頁 ケツ・ジュ／かしら・ページ	頌 ハ・ジュ／うた・つぐ	頗 ハ／かたよる・すこぶる	顚 テン／いただき
颯 サツ／はやて	饗 キョウ・あえて／もてなす	馨 キョウ・ケイ／かおる・かおり	馴 ジュン／ならす	馳 チ／はせる	駕 ガ／のる
駿 シュン・スン／はやし・はや	驍 ギョウ	魁 カイ／さきがけ	魯 ロ	鮎 デン・ネン／あゆ	鯉 リ／こい
鯛 チョウ／たい	鰯 いわし	鱒 ソン／ます	鱗 リン／うろこ	鳩 キュウ・ク／はと	鳶 エン／とび・とんび
鳳 ホウ／おおとり	鴨 オウ／かも	鴻 コウ／おおとり	鵜 テイ	鵬 ホウ／おおとり	鷗 オウ／かもめ
鷲 ジュ／わし	鷺 ロ／さぎ	鷹 ヨウ・オウ／たか	麒 キ	麟 リン	麿 まろ・われ
黎 レイ・ライ／たみ	黛 タイ／まゆずみ	鼎 テイ／かなえ			

(2)

亞(亜)	惡(悪)	爲(為)	逸(逸)	榮(栄)	衞(衛)
謁(謁)	圓(円)	緣(縁)	薗(園)	應(応)	櫻(桜)
奧(奥)	橫(横)	溫(温)	價(価)	禍(禍)	悔(悔)
海(海)	壞(壊)	懷(懐)	樂(楽)	渴(渇)	卷(巻)
陷(陥)	寬(寛)	漢(漢)	氣(気)	祈(祈)	器(器)
僞(偽)	戲(戯)	虛(虚)	峽(峡)	狹(狭)	響(響)
曉(暁)	勤(勤)	謹(謹)	駈(駆)	勳(勲)	薰(薫)
惠(恵)	揭(掲)	鷄(鶏)	藝(芸)	擊(撃)	縣(県)
儉(倹)	劍(剣)	險(険)	圈(圏)	檢(検)	顯(顕)
驗(験)	嚴(厳)	廣(広)	恆(恒)	黃(黄)	國(国)
黑(黒)	穀(穀)	碎(砕)	雜(雑)	祉(祉)	視(視)
兒(児)	濕(湿)	實(実)	社(社)	者(者)	煮(煮)
壽(寿)	收(収)	臭(臭)	從(従)	澁(渋)	獸(獣)
縱(縦)	祝(祝)	暑(暑)	署(署)	緖(緒)	諸(諸)
敍(叙)	將(将)	祥(祥)	涉(渉)	燒(焼)	奬(奨)
條(条)	狀(状)	乘(乗)	淨(浄)	剩(剰)	疊(畳)
孃(嬢)	讓(譲)	釀(醸)	神(神)	眞(真)	寢(寝)
愼(慎)	盡(尽)	粹(粋)	醉(酔)	穗(穂)	瀨(瀬)
齊(斉)	靜(静)	攝(摂)	節(節)	專(専)	戰(戦)
纖(繊)	禪(禅)	祖(祖)	壯(壮)	爭(争)	莊(荘)
搜(捜)	巢(巣)	曾(曽)	裝(装)	僧(僧)	層(層)
瘦(痩)	騷(騒)	增(増)	憎(憎)	藏(蔵)	贈(贈)

人名用漢字　111

臓(臓)	即(即)	帯(帯)	滞(滞)	瀧(滝)	單(単)
嘆(嘆)	團(団)	彈(弾)	晝(昼)	鑄(鋳)	著(著)
廳(庁)	徵(徴)	聽(聴)	懲(懲)	鎭(鎮)	轉(転)
傳(伝)	都(都)	嶋(島)	燈(灯)	盜(盗)	稻(稲)
德(徳)	突(突)	難(難)	拜(拝)	盃(杯)	賣(売)
梅(梅)	髮(髪)	拔(抜)	繁(繁)	晚(晩)	卑(卑)
祕(秘)	碑(碑)	賓(賓)	敏(敏)	冨(富)	侮(侮)
福(福)	拂(払)	佛(仏)	勉(勉)	步(歩)	峯(峰)
墨(墨)	飜(翻)	每(毎)	萬(万)	默(黙)	埜(野)
彌(弥)	藥(薬)	與(与)	搖(揺)	樣(様)	謠(謡)
來(来)	賴(頼)	覽(覧)	欄(欄)	龍(竜)	虜(虜)
凉(涼)	綠(緑)	淚(涙)	壘(塁)	類(類)	禮(礼)
曆(暦)	歷(歴)	練(練)	鍊(錬)	郞(郎)	朗(朗)
廊(廊)	錄(録)				

　注　括弧内の漢字は、戸籍法施行規則第60条第1号に規定する漢字であり、当該括弧外の漢字とのつながりを示すため、参考までに掲げたものである。

敬語の種類と働き

(平成19年2月2日文化審議会答申)

1 尊敬語（「いらっしゃる・おっしゃる」型）

相手側又は第三者の行為・ものごと・状態などについて、その人物を立てて述べるもの。

＜該当語例＞
　［行為等（動詞、及び動作性の名詞）］
　　　いらっしゃる、おっしゃる、なさる、召し上がる
　　　お使いになる、御利用になる、読まれる、始められる
　　　お導き、御出席、（立てるべき人物からの）御説明
　［ものごと等（名詞）］
　　　お名前、御住所、（立てるべき人物からの）お手紙
　［状態等（形容詞など）］
　　　お忙しい、御立派

---

2 謙譲語Ⅰ（「伺う・申し上げる」型）

自分側から相手側又は第三者に向かう行為・ものごとなどについて、その向かう先の人物を立てて述べるもの。

＜該当語例＞
　　　伺う、申し上げる、お目に掛かる、差し上げる
　　　お届けする、御案内する
　　　（立てるべき人物への）お手紙、御説明

---

3 謙譲語Ⅱ（丁重語）（「参る・申す」型）

自分側の行為・ものごとなどを、話や文章の相手に対して丁重に述べるもの。

＜該当語例＞
　　　参る、申す、いたす、おる

> 拙著、小社

4　丁寧語(「です・ます」型)
話や文章の相手に対して丁寧に述べるもの。

> ＜該当語例＞
> 　　　です、ます

5　美化語(「お酒・お料理」型)
ものごとを、美化して述べるもの。

> ＜該当語例＞
> 　　　お酒、お料理

二十四節気

節気とは……黄道を24等分して、太陽がその位置に来たときの季節を示すようにしたもの。

中国伝来の語で、旧暦で季節と暦日の不一致を補うために暦に書き入れた。

月日(頃)	節気	意味
1月6日	小寒(しょうかん)	寒さがだんだん厳しくなり、しばしば降雪もみられる時期。
1月21日	大寒(たいかん)	この頃寒さが最も厳しく、降雪も激しい。
2月5日	立春(りっしゅん)	この日から春になるという日で、旧暦ではこの日が種々の行事の起点となる。
2月19日	雨水(うすい)	氷雪解け雨水ぬるみ、地下に地上に草木の萌芽が兆す頃。
3月5日	啓蟄(けいちつ)	地下の虫も、冬ごもりの穴をはい出してくる季節。
3月20日	春分(しゅんぶん)	春の彼岸の中日に当たり、昼と夜が同じ長さとなる。この日を境に昼が長くなる。
4月4日	清明(せいめい)	桜花爛漫、草花は咲き始め、万物清新の気に満ちる季節。
4月20日	穀雨(こくう)	この頃の春雨は、よく百穀を潤して、その成長を助ける。
5月5日	立夏(りっか)	春色は、ようやくあせ、爽快な夏の気色の立ち始める頃。
5月21日	小満(しょうまん)	陽気盛んで、万物やや満足する季節。
6月5日	芒種(ぼうしゅ)	芒(麦や稲など実の先にある毛)のある穀物の種を植え付ける時期。
6月21日	夏至(げし)	夏季の最中で、太陽が最も北にあり昼が一番長い日。

月日(頃)	節　気	意　　　　味
7月7日	小暑(しょうしょ)	少し暑熱は加わるが、日脚はおいおいつまってくる。
7月23日	大暑(たいしょ)	暑気ますます加わる頃。
8月7日	立秋(りっしゅう)	残暑は厳しいが、秋の気が立ち始め、吹く風も秋らしくなる。
8月23日	処暑(しょしょ)	涼風しきりに吹き、暑さが納まる。
9月7日	白露(はくろ)	大気が冷たくなり始め、野草に白露が宿る頃。
9月23日	秋分(しゅうぶん)	秋の最中で秋の彼岸の中日、春分と同様、昼夜の長さが同じ日。
10月8日	寒露(かんろ)	朝露を踏めば冷ややかなるを覚え、秋が深まりゆくのが感じられる頃。
10月23日	霜降(そうこう)	霜をしばしば見る季節。
11月7日	立冬(りっとう)	冬の気候にはいり始める頃で、冬の気が立ち始める。
11月23日	小雪(しょうせつ)	冬もやや進み、ときには降雪を見る。
12月7日	大雪(たいせつ)	北風吹きすさび、しばしば降雪がある。
12月22日	冬至(とうじ)	冬の真ん中に当たり、太陽が最も南にあり、夜が一番長い日。

十干十二支

十干(じっかん)

甲(コウ)(きのえ)　乙(オツ)(きのと)　丙(ヘイ)(ひのえ)　丁(テイ)(ひのと)
戊(ボ)(つちのえ)　己(キ)(つちのと)　庚(コウ)(かのえ)　辛(シン)(かのと)
壬(ジン)(みずのえ)　癸(キ)(みずのと)

十二支(じゅうにし)

子(シ)(ね)　丑(チュウ)(うし)　寅(イン)(とら)　卯(ボウ)(う)
辰(シン)(たつ)　巳(シ)(み)　午(ゴ)(うま)　未(ビ)(ひつじ)
申(シン)(さる)　酉(ユウ)(とり)　戌(ジュツ)(いぬ)　亥(ガイ)(い)

年間の各月の別名

一月……睦月(ムツキ)　　二月……如月(キサラギ)　　三月……弥生(ヤヨイ)
四月……卯月(ウヅキ)　　五月……皐月(サツキ)　　六月……水無月(ミナヅキ)
七月……文月(フミヅキ)　　八月……葉月(ハヅキ)　　九月……長月(ナガツキ)、菊月(キクヅキ)
十月……神無月(カンナヅキ)　十一月……霜月(シモツキ)　十二月……師走(シワス)

六曜の読み方　( )は、その他の読み

先勝(センカチ)(センショウ・サキカチ)　…午前中は吉、午後は凶
友引(トモビキ)(ユウイン)　…朝晩は吉、昼だけ凶
先負(センマケ)(センプ・サキマケ)　…午前中は凶、午後は吉
仏滅(ブツメツ)　…すべてのことが良くない最悪の日
大安(タイアン)(ダイアン)　…万事に吉
赤口(シャック)(ジャック・シャッコウ・ジャッコウ・セキグチ)　…正午(12時)の刻だけ吉、朝夕は凶

主な韓国姓

- [ア] ……安(アン)
- [イ] ……李(イ)、林(イム)、任(イム)、印(イン)
- [ウ] ……禹(ウ)、魏(ウイ)、元(ウォン)、殷(ウン)
- [オ] ……吳(オ)、魚(オ)、玉(オク)、嚴(オム)
- [カ] ……姜(カン)、康(カン)
- [キ] ……奇(キ)、金(キム)、吉(キル)
- [ク] ……具(ク)、權(クォン)、鞠(クク)、琴(クム)、郭(クワク)
- [コ] ……高(コ)、孔(コン)
- [シ] ……沈(シム)、申(シン)、辛(シン)、愼(シン)
- [ソ] ……徐(ソ)、蘇(ソ)、石(ソク)、薛(ソル)、宋(ソン)、孫(ソン)、成(ソン)、宣(ソン)
- [タ] ……卓(タク)
- [チ] ……池(チ)、崔(チェ)、蔡(チェ)、諸(チェ)、車(チャ)、張(チャン)、蔣(チャン)、朱(チュ)、秋(チュ)、周(チュ)、趙(チョ)、曺(チョ)、鄭(チョン)、全(チョン)、田(チョン)、丁(チョン)、千(チョン)、程(チョン)、陳(チン)、秦(チン)
- [ト] ……都(ト)
- [ナ] ……羅(ナ)、南(ナム)、南宮(ナムグン)
- [ノ] ……盧(ノ)、魯(ノ)
- [ハ] ……河(ハ)、朴(パク)、咸(ハム)、韓(ハン)、方(パン)、房(パン)、潘(パン)
- [ヒ] ……表(ピョ)、玄(ヒョン)、卞(ピョン)、邊(ピョン)、片(ピョン)
- [フ] ……黃(ファン)
- [ヘ] ……裵(ペ)、白(ペク)
- [ホ] ……許(ホ)、洪(ホン)
- [マ] ……馬(マ)
- [ミ] ……明(ミョン)、閔(ミン)
- [ム] ……文(ムン)
- [メ] ……孟(メン)
- [モ] ……牟(モ)
- [ヤ] ……梁(ヤン)、楊(ヤン)
- [ユ] ……柳(ユ)、劉(ユ)、兪(ユ)、庾(ユ)、陸(ユク)、尹(ユン)

［ヨ］……呂、余、廉、延
［ワ］……王

主な中国姓

- [イ] ……韋(イ)、尹(イン)
- [ウ] ……于(ウ)
- [エ] ……袁(エン)、閻(エン)
- [オ] ……王(オウ)、汪(オウ)
- [カ] ……何(カ)、賈(カ)、夏(カ)、賀(ガ)、郭(カク)、郝(カク)、韓(カン)
- [キ] ……魏(ギ)、邱(キュウ)、許(キョ)、姜(キョウ)、龔(キョウ)、金(キン)
- [ケ] ……厳(ゲン)
- [コ] ……胡(コ)、顧(コ)、呉(ゴ)、黄(コウ)、高(コウ)、江(コウ)、侯(コウ)、孔(コウ)、向(コウ)
- [サ] ……蔡(サイ)、崔(サイ)
- [シ] ……史(シ)、謝(シャ)、朱(シュ)、周(シュウ)、徐(ジョ)、蕭(ショウ)、蒋(ショウ)、鍾(ショウ)、邵(ショウ)、沈(シン)、秦(シン)
- [ス] ……鄒(スウ)
- [セ] ……石(セキ)、薛(セツ)、銭(セン)
- [ソ] ……曽(ソ)、蘇(ソ)、宋(ソウ)、曹(ソウ)、孫(ソン)
- [タ] ……戴(タイ)、譚(タン)、覃(タン)、湯(タン)、段(ダン)
- [チ] ……張(チョウ)、趙(チョウ)、陳(チン)
- [テ] ……鄭(テイ)、程(テイ)、丁(テイ)、田(デン)
- [ト] ……杜(ト)、唐(トウ)、鄧(トウ)、董(トウ)、陶(トウ)
- [ニ] ……任(ニン)
- [ハ] ……馬(バ)、白(ハク)、莫(バク)、潘(ハン)、範(ハン)、万(バン)
- [フ] ……付(フ)、武(ブ)、馮(フウ)
- [ホ] ……彭(ホウ)、方(ホウ)
- [モ] ……孟(モウ)、毛(モウ)
- [ユ] ……熊(ユウ)
- [ヨ] ……余(ヨ)、楊(ヨウ)、葉(ヨウ)、姚(ヨウ)
- [ラ] ……羅(ラ)
- [リ] ……李(リ)、陸(リク)、劉(リュウ)、龍(リュウ)、梁(リョウ)、廖(リョウ)、林(リン)
- [レ] ……雷(レイ)、黎(レイ)

120 主な中国姓

［ロ］……呂、盧

常用漢字表

注1　片仮名は音読みを、平仮名は訓読みを示す。
　2　訓読みの太字は、送り仮名の部分を示す。
　3　1字下げで示した音訓は、特別なもの又は用法のごく狭いものである。

ア（あ）					
亜	ア		かこう		ユイ
哀	アイ	医	イ	緯	イ
	あわれ	依	イ	域	イキ
	あわれむ		エ	育	イク
挨	アイ	委	イ		**そだつ**
愛	アイ		**ゆだねる**		**そだてる**
曖	アイ	威	イ		**はぐくむ**
悪	アク	為	イ	一	イチ
	オ	畏	イ		イツ
	わるい		**おそれる**		ひと
握	アク	胃	イ		ひと**つ**
	にぎる	尉	イ	壱	イチ
圧	アツ	異	イ	逸	イツ
扱	**あつかう**		こと	茨	いばら
宛	**あてる**	移	イ	芋	いも
嵐	あらし		**うつる**	引	イン
安	アン		**うつす**		ひ**く**
	やすい	萎	イ		ひ**ける**
案	アン		**なえる**	印	イン
暗	アン	偉	イ		しるし
	くらい		**えらい**	因	イン
イ（い）		椅	イ		**よる**
以	イ	彙	イ	咽	イン
衣	イ	意	イ	姻	イン
	ころも	違	イ	員	イン
位	イ		**ちがう**	院	イン
	くらい		**ちがえる**	淫	イン
囲	イ	維	イ		みだら
	かこむ	慰	イ	陰	イン
			なぐさめる		かげ
			なぐさむ		かげ**る**
		遺	イ	飲	イン

隠	のむ イン かくす かくれる	営	エイ いとなむ	煙	その エン けむる けむり けむい
韻	イン	詠	エイ よむ	猿	エン さる
ウ（う）		影	エイ かげ	遠	エン オン とおい
右	ウ ユウ みぎ	鋭	エイ するどい	鉛	エン なまり
宇	ウ	衛	エイ	塩	エン しお
羽	ウ は はね	易	エキ イ やさしい	演	エン
雨	ウ あめ あま	疫	エキ ヤク	縁	エン ふち
唄	うた	益	エキ ヤク	艶	エン つや
鬱	ウツ	液	エキ	**オ（お）**	
畝	うね	駅	エキ	汚	オ けがす けがれる けがらわしい よごす よごれる きたない
浦	うら	悦	エツ		
運	ウン はこぶ	越	エツ こす こえる		
雲	ウン くも	謁	エツ		
エ（え）		閲	エツ		
永	エイ ながい	円	エン まるい	王	オウ
泳	エイ およぐ	延	エン のびる のべる のばす	凹	オウ
英	エイ			央	オウ
映	エイ うつる うつす はえる	沿	エン そう	応	オウ こたえる
		炎	エン ほのお	往	オウ
栄	エイ さかえる はえ はえる	怨	エン オン	押	オウ おす おさえる
		宴	エン	旺	オウ
		媛	エン	欧	オウ
		援	エン	殴	オウ
		園	エン		

桜	なぐ**る** オウ さくら		くだ**る** くだ**す** くだ**さる**	家	なつ カ ケ
翁	オウ		お**ろす** お**りる**		いえ や
奥	オウ おく	化	カ ケ	荷	カ に
横	オウ よこ		ば**ける** ば**かす**	華	カ ケ
岡	おか	火	カ ひ		はな
屋	オク や		ほ	菓	カ
億	オク	加	カ くわ**える**	貨	カ
憶	オク		くわ**わる**	渦	カ うず
臆	オク	可	カ	過	カ
虞	おそれ	仮	カ ケ		す**ぎる** す**ごす**
乙	オツ		かり		あや**まつ** あや**まち**
俺	おれ	何	カ なに	嫁	カ
卸	おろ**す** おろし		なん		よめ とつ**ぐ**
音	オン イン	花	カ はな	暇	カ ひま
	おと ね	佳	カ	禍	カ
恩	オン	価	カ あたい	靴	カ くつ
温	オン あたた**か**	果	カ	寡	カ
	あたた**かい** あたた**まる**		は**たす** は**てる**	歌	カ うた
	あたた**める**		はて		うた**う**
穏	オン おだ**やか**	河	カ かわ	箇	カ
カ（か）		苛	カ	稼	カ かせ**ぐ**
下	カ ゲ	科 架	カ カ	課	カ
	した しも		か**ける** か**かる**	蚊 牙	か ガ
	もと さ**げる**	夏	カ ゲ		ゲ きば
	さ**がる**			瓦	ガ

常用漢字表　123

	かわら		みな	崖	ガイ
我	ガ	械	カイ		がけ
	われ	絵	カイ	涯	ガイ
	わ		エ	街	ガイ
画	ガ	開	カイ		カイ
	カク		ひらく		まち
芽	ガ		ひらける	慨	ガイ
	め		あく	蓋	ガイ
賀	ガ		あける		ふた
雅	ガ	階	カイ	該	ガイ
餓	ガ	塊	カイ	概	ガイ
介	カイ		かたまり	骸	ガイ
回	カイ	楷	カイ	垣	かき
	エ	解	カイ	柿	かき
	まわる		ゲ	各	カク
	まわす		とく		おのおの
灰	カイ		とかす	角	カク
	はい		とける		かど
会	カイ	潰	カイ		つの
	エ		つぶす	拡	カク
	あう		つぶれる	革	カク
快	カイ	壊	カイ		かわ
	こころよい		こわす	格	カク
戒	カイ		こわれる		コウ
	いましめる	懐	カイ	核	カク
改	カイ		ふところ	殻	カク
	あらためる		なつかしい		から
	あらたまる		なつかしむ	郭	カク
怪	カイ		なつく	覚	カク
	あやしい		なつける		おぼえる
	あやしむ	諧	カイ		さます
拐	カイ	貝	かい		さめる
悔	カイ	外	ガイ	較	カク
	くいる		ゲ	隔	カク
	くやむ		そと		へだてる
	くやしい		ほか		へだたる
海	カイ		はずす	閣	カク
	うみ		はずれる	確	カク
界	カイ	劾	ガイ		たしか
皆	カイ	害	ガイ		たしかめる

獲	カク	釜	かま	換	カン
	える	鎌	かま		かえる
嚇	カク	刈	かる		かわる
穫	カク	干	カン	敢	カン
学	ガク		ほす	棺	カン
	まなぶ		ひる	款	カン
岳	ガク	刊	カン	間	カン
	たけ	甘	カン		ケン
楽	ガク		あまい		あいだ
	ラク		あまえる		ま
	たのしい		あまやかす	閑	カン
	たのしむ	汗	カン	勧	カン
額	ガク		あせ		すすめる
	ひたい	缶	カン	寛	カン
顎	ガク	完	カン	幹	カン
	あご	肝	カン		みき
掛	かける		きも	感	カン
	かかる	官	カン	漢	カン
	かかり	冠	カン	慣	カン
潟	かた		かんむり		なれる
括	カツ	巻	カン		ならす
活	カツ		まく	管	カン
喝	カツ		まき		くだ
渇	カツ	看	カン	関	カン
	かわく	陥	カン		せき
割	カツ		おちいる		かかわる
	わる		おとしいれる	歓	カン
	わり	乾	カン	監	カン
	われる		かわく	緩	カン
	さく		かわかす		ゆるい
葛	カツ	勘	カン		ゆるやか
	くず	患	カン		ゆるむ
滑	カツ		わずらう		ゆるめる
	コツ	貫	カン	憾	カン
	すべる		つらぬく	還	カン
	なめらか	寒	カン	館	カン
褐	カツ		さむい		やかた
轄	カツ	喚	カン	環	カン
且	かつ	堪	カン	簡	カン
株	かぶ		たえる	観	カン

韓	カン		いむ	棋	キ
艦	カン		いまわしい	貴	キ
鑑	カン	汽	キ		たっとい
	かんがみる	奇	キ		とうとい
丸	ガン	祈	キ		たっとぶ
	まる		いのる		とうとぶ
	まるい	季	キ	棄	キ
	まるめる	紀	キ	毀	キ
含	ガン	軌	キ	旗	キ
	ふくむ	既	キ		はた
	ふくめる		すでに	器	キ
岸	ガン	記	キ		うつわ
	きし		しるす	畿	キ
岩	ガン	起	キ	輝	キ
	いわ		おきる		かがやく
玩	ガン		おこる	機	キ
眼	ガン		おこす		はた
	ゲン	飢	キ	騎	キ
	まなこ		うえる	技	ギ
頑	ガン	鬼	キ		わざ
顔	ガン		おに	宜	ギ
	かお	帰	キ	偽	ギ
願	ガン		かえる		いつわる
	ねがう		かえす		にせ
キ（き）		基	キ	欺	ギ
			もと		あざむく
企	キ		もとい	義	ギ
	くわだてる	寄	キ	疑	ギ
伎	キ		よる		うたがう
危	キ		よせる	儀	ギ
	あぶない	規	キ	戯	ギ
	あやうい	亀	キ		たわむれる
	あやぶむ		かめ	擬	ギ
机	キ	喜	キ	犠	ギ
	つくえ		よろこぶ	議	ギ
気	キ	幾	キ	菊	キク
	ケ		いく	吉	キチ
岐	キ	揮	キ		キツ
希	キ	期	キ	喫	キツ
忌	キ		ゴ	詰	キツ

	求 キュウ	コ
つめる	もとめる	許 キョ
つまる	究 キュウ	ゆるす
つむ	きわめる	距 キョ
却 キャク	泣 キュウ	魚 ギョ
客 キャク	なく	うお
カク	急 キュウ	さかな
脚 キャク	いそぐ	御 ギョ
キャ	級 キュウ	ゴ
あし	糾 キュウ	おん
逆 ギャク	宮 キュウ	漁 ギョ
さか	グウ	リョウ
さからう	ク	凶 キョウ
虐 ギャク	みや	共 キョウ
しいたげる	救 キュウ	とも
九 キュウ	すくう	叫 キョウ
ク	球 キュウ	さけぶ
ここの	たま	狂 キョウ
ここのつ	給 キュウ	くるう
久 キュウ	嗅 キュウ	くるおしい
ク	かぐ	京 キョウ
ひさしい	窮 キュウ	ケイ
及 キュウ	きわめる	享 キョウ
およぶ	きわまる	供 キョウ
および	牛 ギュウ	ク
およぼす	うし	そなえる
弓 キュウ	去 キョ	とも
ゆみ	コ	協 キョウ
丘 キュウ	さる	況 キョウ
おか	巨 キョ	峡 キョウ
旧 キュウ	居 キョ	挟 キョウ
休 キュウ	いる	はさむ
やすむ	拒 キョ	はさまる
やすまる	こばむ	狭 キョウ
やすめる	拠 キョ	せまい
吸 キュウ	コ	せばめる
すう	挙 キョ	せばまる
朽 キュウ	あげる	恐 キョウ
くちる	あがる	おそれる
臼 キュウ	虚 キョ	おそろしい
うす		

恭	キョウ		あおぐ		わずか
	うやうやしい		おおせ	禁	キン
胸	キョウ	暁	ギョウ	緊	キン
	むね		あかつき	錦	キン
	むな	業	ギョウ		にしき
脅	キョウ		ゴウ	謹	キン
	おびやかす		わざ		つつしむ
	おどす	凝	ギョウ	襟	キン
	おどかす		こる		えり
強	キョウ		こらす	吟	ギン
	ゴウ	曲	キョク	銀	ギン
	つよい		まがる		
	つよまる		まげる	**ク（く）**	
	つよめる	局	キョク	区	ク
	しいる	極	キョク	句	ク
教	キョウ		ゴク	苦	ク
	おしえる		きわめる		くるしい
	おそわる		きわまる		くるしむ
郷	キョウ		きわみ		くるしめる
	ゴウ	玉	ギョク		にがい
境	キョウ		たま		にがる
	ケイ	巾	キン	駆	ク
	さかい	斤	キン		かける
橋	キョウ	均	キン		かる
	はし	近	キン	具	グ
矯	キョウ		ちかい	惧	グ
	ためる	金	キン	愚	グ
鏡	キョウ		コン		おろか
	かがみ		かね	空	クウ
競	キョウ		かな		そら
	ケイ	菌	キン		あく
	きそう	勤	キン		あける
	せる		ゴン		から
響	キョウ		つとめる	偶	グウ
	ひびく		つとまる	遇	グウ
驚	キョウ	琴	キン	隅	グウ
	おどろく		こと		すみ
	おどろかす	筋	キン	串	くし
仰	ギョウ		すじ	屈	クツ
	コウ	僅	キン	掘	クツ

	ほる		恵	ケイ		鯨	ゲイ
窟	クツ			エ			くじら
熊	くま			めぐむ		隙	ゲキ
繰	くる		啓	ケイ			すき
君	クン		掲	ケイ		劇	ゲキ
	きみ			かかげる		撃	ゲキ
訓	クン		渓	ケイ			うつ
勲	クン		経	ケイ		激	ゲキ
薫	クン			キョウ			はげしい
	かおる			へる		桁	けた
軍	グン		蛍	ケイ		欠	ケツ
郡	グン			ほたる			かける
群	グン		敬	ケイ			かく
	むれる			うやまう		穴	ケツ
	むれ		景	ケイ			あな
	むら		軽	ケイ		血	ケツ
ケ (け)				かるい			ち
				かろやか		決	ケツ
兄	ケイ		傾	ケイ			きめる
	キョウ			かたむく			きまる
	あに			かたむける		結	ケツ
刑	ケイ		携	ケイ			むすぶ
形	ケイ			たずさえる			ゆう
	ギョウ			たずさわる			ゆわえる
	かた		継	ケイ		傑	ケツ
	かたち			つぐ		潔	ケツ
系	ケイ		詣	ケイ			いさぎよい
径	ケイ			もうでる		月	ゲツ
茎	ケイ		慶	ケイ			ガツ
	くき		憬	ケイ			つき
係	ケイ		稽	ケイ		犬	ケン
	かかる		憩	ケイ			いぬ
	かかり			いこい		件	ケン
型	ケイ			いこう		見	ケン
	かた		警	ケイ			みる
契	ケイ		鶏	ケイ			みえる
	ちぎる			にわとり			みせる
計	ケイ		芸	ゲイ		券	ケン
	はかる		迎	ゲイ		肩	ケン
	はからう			むかえる			かた

建	ケン	謙	ケン		きびしい
	コン	鍵	ケン		**コ（こ）**
	たてる		かぎ		
	たつ	繭	ケン	己	コ
研	ケン		まゆ		キ
	とぐ	顕	ケン		おのれ
県	ケン	験	ケン	戸	コ
倹	ケン		ゲン		と
兼	ケン	懸	ケン	古	コ
	かねる		ケ		ふるい
剣	ケン		かける		ふるす
	つるぎ		かかる	呼	コ
拳	ケン	元	ゲン		よぶ
	こぶし		ガン	固	コ
軒	ケン		もと		かためる
	のき	幻	ゲン		かたまる
健	ケン		まぼろし		かたい
	すこやか	玄	ゲン	股	コ
険	ケン	言	ゲン		また
	けわしい		ゴン	虎	コ
圏	ケン		いう		とら
堅	ケン		こと	孤	コ
	かたい	弦	ゲン	弧	コ
検	ケン		つる	故	コ
嫌	ケン	限	ゲン		ゆえ
	ゲン		かぎる	枯	コ
	きらう	原	ゲン		かれる
	いや		はら		からす
献	ケン	現	ゲン	個	コ
	コン		あらわれる	庫	コ
絹	ケン		あらわす		ク
	きぬ	舷	ゲン	湖	コ
遣	ケン	減	ゲン		みずうみ
	つかう		へる	雇	コ
	つかわす		へらす		やとう
権	ケン	源	ゲン	誇	コ
	ゴン		みなもと		ほこる
憲	ケン	厳	ゲン	鼓	コ
賢	ケン		ゴン		つづみ
	かしこい		おごそか	鋼	コ

常用漢字表 131

顧	コ		ひろまる			せめる
	かえり**みる**		ひろめる	更	コウ	
五	ゴ		ひろがる		さら	
	いつ		ひろげる		ふける	
	いつつ				ふかす	
互	ゴ	甲	コウ	効	コウ	
	たがい		カン		きく	
午	ゴ	交	コウ	幸	コウ	
呉	ゴ		まじ**わる**		さいわい	
後	ゴ		まじえる		さち	
	コウ		まじる		しあわ**せ**	
	のち		まざる	拘	コウ	
	うしろ		まぜる	肯	コウ	
	あと		かう	侯	コウ	
	おくれ**る**		かわす	厚	コウ	
娯	ゴ	光	コウ		あつい	
悟	ゴ		ひかる	恒	コウ	
	さと**る**		ひかり	洪	コウ	
碁	ゴ	向	コウ	皇	コウ	
語	ゴ		むく		オウ	
	かた**る**		むける	紅	コウ	
	かたらう		むかう		ク	
誤	ゴ		むこう		べに	
	あやま**る**	后	コウ		くれない	
護	ゴ	好	コウ	荒	コウ	
口	コウ		このむ		あらい	
	ク		すく		あれ**る**	
	くち	江	コウ		あら**す**	
工	コウ		え	郊	コウ	
	ク	考	コウ	香	コウ	
公	コウ		かんが**える**		キョウ	
	おおやけ	行	コウ		か	
勾	コウ		ギョウ		かおり	
孔	コウ		アン		かおる	
功	コウ		いく	候	コウ	
	ク		ゆく		そうろう	
巧	コウ		おこなう	校	コウ	
	たくみ	坑	コウ	耕	コウ	
広	コウ	孝	コウ		たがや**す**	
	ひろい	抗	コウ	航	コウ	
		攻	コウ			

貢	コウ	綱	コウ	骨	コツ
	ク		つな		ほね
	みつぐ	酵	コウ	駒	こま
降	コウ	稿	コウ	込	こむ
	おりる	興	コウ		こめる
	おろす		キョウ	頃	ころ
	ふる		おこる	今	コン
高	コウ		おこす		キン
	たかい	衡	コウ		いま
	たか	鋼	コウ	困	コン
	たかまる		はがね		こまる
	たかめる	講	コウ	昆	コン
康	コウ	購	コウ	恨	コン
控	コウ	乞	こう		うらむ
	ひかえる	号	ゴウ		うらめしい
梗	コウ	合	ゴウ	根	コン
黄	コウ		ガッ		ね
	オウ		カッ	婚	コン
	き		あう	混	コン
	こ		あわす		まじる
喉	コウ		あわせる		まざる
	のど	拷	ゴウ		まぜる
慌	コウ	剛	ゴウ		こむ
	あわてる	傲	ゴウ	痕	コン
	あわただしい	豪	ゴウ		あと
港	コウ	克	コク	紺	コン
	みなと	告	コク	魂	コン
硬	コウ		つげる		たましい
	かたい	谷	コク	墾	コン
絞	コウ		たに	懇	コン
	しぼる	刻	コク		ねんごろ
	しめる		きざむ		
	しまる	国	コク	**サ（さ）**	
項	コウ		くに	左	サ
溝	コウ	黒	コク		ひだり
	みぞ		くろ	佐	サ
鉱	コウ		くろい	沙	サ
構	コウ	穀	コク	査	サ
	かまえる	酷	コク	砂	サ
	かまう	獄	ゴク		シャ

	すな		こまかい	策	サク
唆	サ	菜	サイ	酢	サク
	そそのかす		な		す
差	サ	最	サイ	搾	サク
	さす		もっとも		しぼる
詐	サ	裁	サイ	錯	サク
鎖	サ		たつ	咲	さく
	くさり		さばく	冊	サツ
座	ザ	債	サイ		サク
	すわる	催	サイ	札	サツ
挫	ザ		もよおす		ふだ
才	サイ	塞	サイ	刷	サツ
再	サイ		ソク		する
	サ		ふさぐ	刹	サツ
	ふたたび		ふさがる		セツ
災	サイ	歳	サイ	拶	サツ
	わざわい		セイ	殺	サツ
妻	サイ	載	サイ		サイ
	つま		のせる		セツ
采	サイ		のる		ころす
砕	サイ	際	サイ	察	サツ
	くだく		きわ	撮	サツ
	くだける	埼	さい		とる
宰	サイ	在	ザイ	擦	サツ
栽	サイ		ある		する
彩	サイ	材	ザイ		すれる
	いろどる	剤	ザイ	雑	ザツ
採	サイ	財	ザイ		ゾウ
	とる		サイ	皿	さら
済	サイ	罪	ザイ	三	サン
	すむ		つみ		み
	すます	崎	さき		みつ
祭	サイ	作	サク		みっつ
	まつる		サ	山	サン
	まつり		つくる		やま
斎	サイ	削	サク	参	サン
細	サイ		けずる		まいる
	ほそい	昨	サク	桟	サン
	ほそる	柵	サク	蚕	サン
	こまか	索	サク		かいこ

惨	サン	史	シ	肢	シ
	ザン	司	シ	姿	シ
	みじめ	四	シ		すがた
産	サン		よ	思	シ
	うむ		よつ		おもう
	うまれる		よっつ	指	シ
	うぶ		よん		ゆび
傘	サン	市	シ		さす
	かさ		いち	施	シ
散	サン	矢	シ		セ
	ちる		や		ほどこす
	ちらす	旨	シ	師	シ
	ちらかす		むね	恣	シ
	ちらかる	死	シ	紙	シ
算	サン		しぬ		かみ
酸	サン	糸	シ	脂	シ
	すい		いと		あぶら
賛	サン	至	シ	視	シ
残	ザン		いたる	紫	シ
	のこる	伺	シ		むらさき
	のこす		うかがう	詞	シ
斬	ザン	志	シ	歯	シ
	きる		こころざす		は
暫	ザン		こころざし	嗣	シ
		私	シ	試	シ
シ（し）			わたくし		こころみる
			わたし		ためす
士	シ	使	シ	詩	シ
子	シ		つかう	資	シ
	ス	刺	シ	飼	シ
	こ		さす		かう
支	シ		ささる	誌	シ
	ささえる	始	シ	雌	シ
止	シ		はじめる		め
	とまる		はじまる		めす
	とめる	姉	シ	摯	シ
氏	シ		あね	賜	シ
	うじ	枝	シ		たまわる
仕	シ		えだ	諮	シ
	ジ	社	シ		はかる
	つかえる				

常用漢字表 135

示	ジ シ **しめ**す	磁 餌	ジ ジ え**さ** え**じ**	社	シャ やしろ
字	ジ あざ	璽 鹿	ジ **しか** か	車	シャ くるま
寺	ジ てら	式	シキ	舎	シャ
次	ジ シ つ**ぐ** つぎ	識 軸 七	シキ ジク シチ なな なな**つ** なの	者 射	シャ もの シャ い**る**
耳	ジ みみ	叱	シツ **しか**る	捨	シャ す**てる**
自	ジ シ みずから	失	シツ うしな**う**	赦 斜	シャ シャ なな**め**
似	ジ に**る**	室	シツ むろ	煮	シャ に**る** に**える** に**やす**
児	ジ ニ	疾 執	シツ シツ シュウ と**る**	遮	シャ さえぎ**る**
事	ジ ズ こと	湿	シツ しめ**る** しめ**す**	謝	シャ あやま**る**
侍	ジ さむらい	嫉 漆	シツ シツ うるし	邪 蛇	ジャ ジャ ダ へび
治	ジ チ おさ**める** おさ**まる** なお**る** なお**す**	質	シツ シチ チ	尺 借	シャク シャク か**りる**
持	ジ も**つ**	実	ジツ み みの**る**	酌	シャク く**む**
時	ジ とき	芝 写	しば シャ うつ**す** うつ**る**	釈 爵 若	シャク シャク ジャク ニャク わか**い** もしくは
滋 慈	ジ ジ いつく**しむ**			弱	ジャク よわ**い** よわ**る**
辞	ジ や**める**				

寂	よわまる よわめる ジャク セキ さび さびしい さびれる	受	ことぶき ジュ うける うかる	終	そで シュウ おわる おえる
手	シュ て た	呪	ジュ のろう	羞 習	シュウ シュウ ならう
主	シュ ス ぬし おも	授	ジュ さずける さずかる	週 就	シュウ シュウ ジュ
守	シュ ス まもる もり	需 儒 樹 収	ジュ ジュ ジュ シュウ おさめる	衆	つく つける シュウ シュ
朱 取	シュ シュ とる	囚 州	おさまる シュウ シュウ	集	シュウ あつまる あつめる つどう
狩	シュ かる かり	舟	す シュウ ふね ふな	愁	シュウ うれえる うれい
首 殊	シュ くび シュ こと	秀 周	シュウ ひいでる シュウ まわり	酬 醜 蹴	シュウ シュウ みにくい シュウ
珠 酒	シュ シュ さけ さか	宗 拾	シュウ ソウ シュウ ジュウ ひろう	襲	ける シュウ おそう
腫	シュ はれる はらす	秋 臭	シュウ あき シュウ くさい	十	ジュウ ジッ とお と
種	シュ たね	修	におう シュウ	汁 充	ジュウ しる ジュウ
趣	シュ おもむき		シュ おさめる おさまる	住	あてる ジュウ すむ すまう
寿	ジュ	袖	シュウ	柔	ジュウ

	ニュウ	熟	ジュク	書	ショ
	やわらか		うれる		かく
	やわらかい	出	シュツ	庶	ショ
重	ジュウ		スイ	暑	ショ
	チョウ		でる		あつい
	え		だす	署	ショ
	おもい	述	ジュツ	緒	ショ
	かさねる		のべる		チョ
	かさなる	術	ジュツ		お
従	ジュウ	俊	シュン	諸	ショ
	ショウ	春	シュン	女	ジョ
	ジュ		はる		ニョ
	したがう	瞬	シュン		ニョウ
	したがえる		またたく		おんな
渋	ジュウ	旬	ジュン		め
	しぶ		シュン	如	ジョ
	しぶい	巡	ジュン		ニョ
	しぶる		めぐる	助	ジョ
銃	ジュウ	盾	ジュン		たすける
獣	ジュウ		たて		たすかる
	けもの	准	ジュン		すけ
縦	ジュウ	殉	ジュン	序	ジョ
	たて	純	ジュン	叙	ジョ
叔	シュク	循	ジュン	徐	ジョ
祝	シュク	順	ジュン	除	ジョ
	シュウ	準	ジュン		ジ
	いわう	潤	ジュン		のぞく
宿	シュク		うるおう	小	ショウ
	やど		うるおす		ちいさい
	やどる		うるむ		こ
	やどす				お
淑	シュク	遵	ジュン	升	ショウ
粛	シュク	処	ショ		ます
縮	シュク	初	ショ	少	ショウ
	ちぢむ		はじめ		すくない
	ちぢまる		はじめて		すこし
	ちぢめる		はつ	召	ショウ
	ちぢれる		うい		めす
	ちぢらす		そめる	匠	ショウ
塾	ジュク	所	ショ	床	ショウ
			ところ		

常用漢字表　137

	とこ	晶	ショウ		ショウ
	ゆか	焼	ショウ		うえ
抄	ショウ		やく		うわ
肖	ショウ		やける		かみ
尚	ショウ	焦	ショウ		あげる
招	ショウ		こげる		あがる
	まねく		こがす		のぼる
承	ショウ		こがれる		のぼせる
	うけたまわる		あせる		のぼす
昇	ショウ	硝	ショウ	丈	ジョウ
	のぼる	粧	ショウ		たけ
松	ショウ	詔	ショウ	冗	ジョウ
	まつ		みことのり	条	ジョウ
沼	ショウ	証	ショウ	状	ジョウ
	ぬま	象	ショウ	乗	ジョウ
昭	ショウ		ゾウ		のる
宵	ショウ	傷	ショウ		のせる
	よい		きず	城	ジョウ
将	ショウ		いたむ		しろ
消	ショウ		いためる	浄	ジョウ
	きえる	奨	ショウ	剰	ジョウ
	けす	照	ショウ	常	ジョウ
症	ショウ		てる		つね
祥	ショウ		てらす		とこ
称	ショウ		てれる	情	ジョウ
笑	ショウ	詳	ショウ		セイ
	わらう		くわしい		なさけ
	えむ	彰	ショウ	場	ジョウ
唱	ショウ	障	ショウ		ば
	となえる		さわる	畳	ジョウ
商	ショウ	憧	ショウ		たたむ
	あきなう		あこがれる		たたみ
渉	ショウ	衝	ショウ	蒸	ジョウ
章	ショウ	賞	ショウ		むす
紹	ショウ	償	ショウ		むれる
訟	ショウ		つぐなう		むらす
勝	ショウ	礁	ショウ	縄	ジョウ
	かつ	鐘	ショウ		なわ
	まさる		かね	壌	ジョウ
掌	ショウ	上	ジョウ	嬢	ジョウ

錠	ジョウ		のびる			すすむ
譲	ジョウ		のばす			すすめる
	ゆずる		のべる	森	シン
醸	ジョウ	臣	シン		もり
	かもす		ジン	診	シン
色	ショク	芯	シン		みる
	シキ	身	シン	寝	シン
	いろ		み		ねる
拭	ショク	辛	シン		ねかす
	ふく		からい	慎	シン
	ぬぐう	侵	シン		つつしむ
食	ショク		おかす	新	シン
	ジキ	信	シン		あたらしい
	くう	津	シン		あらた
	くらう		つ		にい
	たべる	神	シン	審	シン
植	ショク		ジン	震	シン
	うえる		かみ		ふるう
	うわる		かん		ふるえる
殖	ショク		こう	薪	シン
	ふえる	唇	シン		たきぎ
	ふやす		くちびる	親	シン
飾	ショク	娠	シン		おや
	かざる	振	シン		したしい
触	ショク		ふる		したしむ
	ふれる		ふるう	人	ジン
	さわる		ふれる		ニン
嘱	ショク	浸	シン		ひと
織	ショク		ひたす	刃	ジン
	シキ		ひたる		は
	おる	真	シン	仁	ジン
職	ショク		ま		ニ
辱	ジョク	針	シン	尽	ジン
	はずかしめる		はり		つくす
尻	しり	深	シン		つきる
心	シン		ふかい		つかす
	こころ		ふかまる	迅	ジン
申	シン		ふかめる	甚	ジン
	もうす	紳	シン		はなはだ
伸	シン	進	シン		はなはだしい

常用漢字表 139

陣	ジン		かぞえる	声	セイ
尋	ジン	据	すえる		ショウ
	たずねる		すわる		こえ
腎	ジン	杉	すぎ		こわ
		裾	すそ	制	セイ
ス (す)		寸	スン	姓	セイ
須	ス				ショウ
図	ズ	**セ (せ)**		征	セイ
	ト			性	セイ
	はかる	瀬	せ		ショウ
水	スイ	是	ゼ	青	セイ
	みず	井	セイ		ショウ
吹	スイ		ショウ		あお
	ふく		い		あおい
垂	スイ	世	セイ	斉	セイ
	たれる		セ	政	セイ
	たらす		よ		ショウ
炊	スイ	正	セイ		まつりごと
	たく		ショウ	星	セイ
帥	スイ		ただしい		ショウ
粋	スイ		ただす		ほし
	いき		まさ	牲	セイ
衰	スイ	生	セイ	省	セイ
	おとろえる		ショウ		ショウ
推	スイ		いきる		かえりみる
	おす		いかす		はぶく
酔	スイ		いける	凄	セイ
	よう		うまれる	逝	セイ
遂	スイ		うむ		ゆく
	とげる		おう		いく
睡	スイ		はえる	清	セイ
穂	スイ		はやす		ショウ
	ほ		き		きよい
随	ズイ		なま		きよまる
髄	ズイ	成	セイ		きよめる
枢	スウ		ジョウ	盛	セイ
崇	スウ		なる		ジョウ
数	スウ		なす		もる
	ス	西	セイ		さかる
	かず		サイ		さかん
			にし		

常用漢字表 141

婿	セイ		あかい	摂	セツ
	むこ		あからむ	節	セツ
晴	セイ		あからめる		セチ
	はれる	昔	セキ		ふし
	はらす		シャク	説	セツ
勢	セイ		むかし		ゼイ
	いきおい	析	セキ		とく
聖	セイ	席	セキ	舌	ゼツ
誠	セイ	脊	セキ		した
	まこと	隻	セキ	絶	ゼツ
精	セイ	惜	セキ		たえる
	ショウ		おしい		たやす
製	セイ		おしむ		たつ
誓	セイ	戚	セキ	千	セン
	ちかう	責	セキ		ち
静	セイ		せめる	川	セン
	ジョウ	跡	セキ		かわ
	しず		あと	仙	セン
	しずか	積	セキ	占	セン
	しずまる		つむ		しめる
	しずめる		つもる		うらなう
請	セイ	績	セキ	先	セン
	シン	籍	セキ		さき
	こう	切	セツ	宣	セン
	うける		サイ	専	セン
整	セイ		きる		もっぱら
	ととのえる		きれる	泉	セン
	ととのう	折	セツ		いずみ
醒	セイ		おる	浅	セン
税	ゼイ		おり		あさい
夕	セキ		おれる	洗	セン
	ゆう	拙	セツ		あらう
斥	セキ		つたない	染	セン
石	セキ	窃	セツ		そめる
	シャク	接	セツ		そまる
	コク		つぐ		しみる
	いし	設	セツ		しみ
赤	セキ		もうける	扇	セン
	シャク	雪	セツ		おうぎ
	あか		ゆき	栓	セン

旋	セン	漸	ゼン	走	ソウ
船	セン	膳	ゼン		はしる
	ふね	繕	ゼン	奏	ソウ
	ふな		つくろう		かなでる
戦	セン	\multicolumn{2}{c	}{ソ（そ）}	相	ソウ
	いくさ				ショウ
	たたかう	狙	ソ		あい
煎	セン		ねらう	荘	ソウ
	いる	阻	ソ	草	ソウ
羨	セン		はばむ		くさ
	うらやむ	祖	ソ	送	ソウ
	うらやましい	租	ソ		おくる
腺	セン	素	ソ	倉	ソウ
詮	セン		ス		くら
践	セン	措	ソ	捜	ソウ
箋	セン	粗	ソ		さがす
銭	セン		あらい	挿	ソウ
	ぜに	組	ソ		さす
潜	セン		くむ	桑	ソウ
	ひそむ		くみ		くわ
	もぐる	疎	ソ	巣	ソウ
線	セン		うとい		す
遷	セン		うとむ	掃	ソウ
選	セン	訴	ソ		はく
	えらぶ		うったえる	曹	ソウ
薦	セン	塑	ソ	曽	ソウ
	すすめる	遡	ソ		ゾ
繊	セン		さかのぼる	爽	ソウ
鮮	セン	礎	ソ		さわやか
	あざやか		いしずえ	窓	ソウ
全	ゼン	双	ソウ		まど
	まったく		ふた	創	ソウ
	すべて	壮	ソウ		つくる
前	ゼン	早	ソウ	喪	ソウ
	まえ		サッ		も
善	ゼン		はやい	痩	ソウ
	よい		はやまる		やせる
然	ゼン		はやめる	葬	ソウ
	ネン	争	ソウ		ほうむる
禅	ゼン		あらそう	装	ソウ

ショウ よそおう 僧 ソウ 想 ソウ 　 ソ 層 ソウ 総 ソウ 遭 ソウ 　 あう 槽 ソウ 踪 ソウ 操 ソウ 　 みさお 　 あやつる 燥 ソウ 霜 ソウ 　 しも 騒 ソウ 　 さわぐ 藻 ソウ 　 も 造 ゾウ 　 つくる 像 ゾウ 増 ゾウ 　 ます 　 ふえる 　 ふやす 憎 ゾウ 　 にくむ 　 にくい 　 にくらしい 　 にくしみ 蔵 ゾウ 　 くら 贈 ゾウ 　 ソウ 　 おくる 臓 ゾウ 即 ソク	束 ソク 　 たば 足 ソク 　 あし 　 たりる 　 たる 　 たす 促 ソク 　 うながす 則 ソク 息 ソク 　 いき 捉 ソク 　 とらえる 速 ソク 　 はやい 　 はやめる 　 はやまる 　 すみやか 側 ソク 　 がわ 測 ソク 　 はかる 俗 ゾク 族 ゾク 属 ゾク 賊 ゾク 続 ゾク 　 つづく 　 つづける 卒 ソツ 率 ソツ 　 リツ 　 ひきいる 存 ソン 　 ゾン 村 ソン 　 むら 孫 ソン 　 まご	尊 ソン 　 たっとい 　 とうとい 　 たっとぶ 　 とうとぶ 損 ソン 　 そこなう 　 そこねる 遜 ソン **タ（た）** 他 タ 　 ほか 多 タ 　 おおい 汰 タ 打 ダ 　 うつ 妥 ダ 唾 ダ 　 つば 堕 ダ 惰 ダ 駄 ダ 太 タイ 　 タ 　 ふとい 　 ふとる 対 タイ 　 ツイ 体 タイ 　 テイ 　 からだ 耐 タイ 　 たえる 待 タイ 　 まつ 怠 タイ 　 おこたる 　 なまける

胎	タイ	沢	タク		はし
退	タイ		さわ		は
	しりぞく	卓	タク		はた
	しりぞける	拓	タク	綻	タン
帯	タイ	託	タク		ほころびる
	おびる	濯	タク	誕	タン
	おび	諾	ダク	鍛	タン
泰	タイ	濁	ダク		きたえる
堆	タイ		にごる	団	ダン
袋	タイ		にごす		トン
	ふくろ	但	ただし	男	ダン
逮	タイ	達	タツ		ナン
替	タイ	脱	ダツ		おとこ
	かえる		ぬぐ	段	ダン
	かわる		ぬげる	断	ダン
貸	タイ	奪	ダツ		たつ
	かす		うばう		ことわる
隊	タイ	棚	たな	弾	ダン
滞	タイ	誰	だれ		ひく
	とどこおる	丹	タン		はずむ
態	タイ	旦	タン		たま
戴	タイ		ダン	暖	ダン
大	ダイ	担	タン		あたたか
	タイ		かつぐ		あたたかい
	おお		になう		あたたまる
	おおきい	単	タン		あたためる
	おおいに	炭	タン	談	ダン
代	ダイ		すみ	壇	ダン
	タイ	胆	タン		タン

チ（ち）

	かわる	探	タン
	かえる		さぐる
	よ		さがす
	しろ	淡	タン
台	ダイ		あわい
	タイ	短	タン
第	ダイ		みじかい
題	ダイ	嘆	タン
滝	たき		なげく
宅	タク		なげかわしい
択	タク	端	タン

地	チ
	ジ
池	チ
	いけ
知	チ
	しる
値	チ
	ね
	あたい

恥	チ	虫	チュウ		ほる
	はじる		むし	眺	チョウ
	はじ	沖	チュウ		ながめる
	はじらう		おき	釣	チョウ
	はずかしい	宙	チュウ		つる
致	チ	忠	チュウ	頂	チョウ
	いたす	抽	チュウ		いただく
遅	チ	注	チュウ		いただき
	おくれる		そそぐ	鳥	チョウ
	おくらす	昼	チュウ		とり
	おそい		ひる	朝	チョウ
痴	チ	柱	チュウ		あさ
稚	チ		はしら	貼	チョウ
置	チ	衷	チュウ		はる
	おく	酎	チュウ	超	チョウ
緻	チ	鋳	チュウ		こえる
竹	チク		いる		こす
	たけ	駐	チュウ	腸	チョウ
畜	チク	著	チョ	跳	チョウ
逐	チク		あらわす		はねる
蓄	チク		いちじるしい		とぶ
	たくわえる	貯	チョ	徴	チョウ
築	チク	丁	チョウ	嘲	チョウ
	きずく		テイ		あざける
秩	チツ	弔	チョウ	潮	チョウ
窒	チツ		とむらう		しお
茶	チャ	庁	チョウ	澄	チョウ
	サ	兆	チョウ		すむ
着	チャク		きざす		すます
	ジャク		きざし	調	チョウ
	きる	町	チョウ		しらべる
	きせる		まち		ととのう
	つく	長	チョウ		ととのえる
	つける		ながい	聴	チョウ
嫡	チャク	挑	チョウ		きく
中	チュウ		いどむ	懲	チョウ
	ジュウ	帳	チョウ		こりる
	なか	張	チョウ		こらす
仲	チュウ		はる		こらしめる
	なか	彫	チョウ	直	チョク

	ジキ		テ（て）	諦	テイ
	ただちに				あきらめる
	なおす	低	テイ	泥	デイ
	なおる		ひくい		どろ
勅	チョク		ひくめる	的	テキ
捗	チョク		ひくまる		まと
沈	チン	呈	テイ	笛	テキ
	しずむ	廷	テイ		ふえ
	しずめる	弟	テイ	摘	テキ
珍	チン		ダイ		つむ
	めずらしい		デ	滴	テキ
朕	チン		おとうと		しずく
陳	チン	定	テイ		したたる
賃	チン		ジョウ	適	テキ
鎮	チン		さだめる	敵	テキ
	しずめる		さだまる		かたき
	しずまる		さだか	溺	デキ
		底	テイ		おぼれる
	ツ（つ）		そこ	迭	テツ
追	ツイ	抵	テイ	哲	テツ
	おう	邸	テイ	鉄	テツ
椎	ツイ	亭	テイ	徹	テツ
墜	ツイ	貞	テイ	撤	テツ
通	ツウ	帝	テイ	天	テン
	ツ	訂	テイ		あめ
	とおる	庭	テイ		あま
	とおす		にわ	典	テン
	かよう	逓	テイ	店	テン
痛	ツウ	停	テイ		みせ
	いたい	偵	テイ	点	テン
	いたむ	堤	テイ	展	テン
	いためる		つつみ	添	テン
塚	つか	提	テイ		そえる
漬	つける		さげる		そう
	つかる	程	テイ	転	テン
坪	つぼ		ほど		ころがる
爪	つめ	艇	テイ		ころげる
	つま	締	テイ		ころがす
鶴	つる		しまる		ころぶ
			しめる	塡	テン

常用漢字表　147

田	デン	怒	ド		すく
	た		いかる		すかす
伝	デン		おこる		すける
	つたわる	刀	トウ	党	トウ
	つたえる		かたな	悼	トウ
	つたう	冬	トウ		いたむ
殿	デン		ふゆ	盗	トウ
	テン	灯	トウ		ぬすむ
	との		ひ	陶	トウ
	どの	当	トウ	塔	トウ
電	デン		あたる	搭	トウ
			あてる	棟	トウ
ト (と)		投	トウ		むね
斗	ト		なげる		むな
吐	ト	豆	トウ	湯	トウ
	はく		ズ		ゆ
妬	ト		まめ	痘	トウ
	ねたむ	東	トウ	登	トウ
徒	ト		ひがし		ト
途	ト	到	トウ		のぼる
都	ト	逃	トウ	答	トウ
	ツ		にげる		こたえる
	みやこ		にがす		こたえ
渡	ト		のがす	等	トウ
	わたる		のがれる		ひとしい
	わたす	倒	トウ	筒	トウ
塗	ト		たおれる		つつ
	ぬる		たおす	統	トウ
賭	ト	凍	トウ		すべる
	かける		こおる	稲	トウ
土	ド		こごえる		いね
	ト	唐	トウ		いな
	つち		から	踏	トウ
奴	ド	島	トウ		ふむ
努	ド		しま		ふまえる
	つとめる	桃	トウ	糖	トウ
度	ド		もも	頭	トウ
	ト	討	トウ		ズ
	タク		うつ		ト
	たび	透	トウ		あたま

謄	かしら トウ	読	ドク トク トウ よむ		かたい むずかしい
藤	トウ ふじ	栃	とち	**ニ（に）**	
闘	トウ たたかう	凸 突	トツ トツ	二	ニ ふた
騰	トウ		つく		ふたつ
同	ドウ おなじ	届	とどける とどく	尼 弐	ニ あま ニ
洞	ドウ ほら	屯 豚	トン トン	匂 肉	におう ニク
胴	ドウ		ぶた	虹	にじ
動	ドウ うごく うごかす	頓 貪	トン ドン むさぼる	日	ニチ ジツ ひ
堂	ドウ	鈍	ドン		か
童	ドウ わらべ		にぶい にぶる	入	ニュウ いる
道	ドウ トウ みち	曇 丼	ドン くもる どんぶり どん	乳	いれる はいる ニュウ ちち
働	ドウ はたらく	**ナ（な）**		尿	ち ニョウ
銅	ドウ	那	ナ	任	ニン
導	ドウ みちびく	奈 内	ナ ナイ		まかせる まかす
瞳	ドウ ひとみ		ダイ うち	妊 忍	ニン ニン
峠	とうげ	梨	なし		しのぶ
匿	トク	謎	なぞ		しのばせる
特	トク	鍋	なべ	認	ニン
得	トク える うる	南	ナン ナ みなみ		みとめる
督	トク	軟	ナン	**ネ（ね）**	
徳	トク		やわらか	寧	ネイ
篤	トク		やわらかい	熱	ネツ
毒	ドク	難	ナン		あつい
独	ドク ひとり			年	ネン

	とし	罵	バ	伯	ハク
念	ネン		ののしる	拍	ハク
捻	ネン	拝	ハイ		ヒョウ
粘	ネン		おがむ	泊	ハク
	ねばる	杯	ハイ		とまる
燃	ネン		さかずき		とめる
	もえる	背	ハイ	迫	ハク
	もやす		せ		せまる
	もす		せい	剝	ハク
ノ (の)			そむく		はがす
悩	ノウ		そむける		はぐ
	なやむ	肺	ハイ		はがれる
	なやます	俳	ハイ		はげる
納	ノウ	配	ハイ	舶	ハク
	ナッ		くばる	博	ハク
	ナ	排	ハイ		バク
	ナン	敗	ハイ	薄	ハク
	トウ		やぶれる		うすい
	おさめる	廃	ハイ		うすめる
	おさまる		すたれる		うすまる
能	ノウ		すたる		うすらぐ
脳	ノウ	輩	ハイ		うすれる
農	ノウ	売	バイ	麦	バク
濃	ノウ		うる		むぎ
	こい		うれる	漠	バク
ハ (は)		倍	バイ	縛	バク
把	ハ	梅	バイ		しばる
波	ハ		うめ	爆	バク
	なみ	培	バイ	箱	はこ
派	ハ		つちかう	箸	はし
破	ハ	陪	バイ	畑	はた
	やぶる	媒	バイ		はたけ
	やぶれる	買	バイ	肌	はだ
覇	ハ		かう	八	ハチ
馬	バ	賠	バイ		や
	うま	白	ハク		やつ
	ま		ビャク		やっつ
婆	バ		しろ		よう
			しら	鉢	ハチ
			しろい		ハツ

発	ハツ ホツ	般 販 斑 飯	ハン ハン ハン ハン		いやしむ いやしめる
髪	ハツ かみ		めし	飛	ヒ とぶ
伐 抜	バツ バツ ぬく ぬける ぬかす ぬかる	搬 煩	ハン ハン ボン わずらう わずらわす	疲 秘 被 悲	とばす ヒ つかれる ヒ ひめる ヒ こうむる ヒ
罰	バツ バチ	頌 範 繁 藩 晩 番 蛮 盤	ハン ハン ハン ハン バン バン バン バン	扉 費	かなしい かなしむ ヒ とびら ヒ ついやす
閥 反	バツ ハン ホン タン そる そらす			碑 罷 避	ついえる ヒ ヒ ヒ さける
半	ハン なかば	**ヒ（ひ）**		尾	ビ お
氾 犯	ハン ハン おかす	比 皮	ヒ くらべる ヒ かわ	眉	ビ ミ まゆ
帆	ハン ほ	妃 否	ヒ ヒ いな	美 備	ビ うつくしい ビ そなえる
汎 伴	ハン ハン バン ともなう	批 彼	ヒ ヒ かれ かの	微 鼻	そなわる ビ ビ はな
判	ハン バン	披 肥	ヒ ヒ こえる	膝 肘 匹	ひざ ひじ ヒツ
坂 阪 板	ハン さか ハン ハン バン いた	非	こえ こやす こやし ヒ		ひき
版 班 畔	ハン ハン ハン	卑	ヒ いやしい		

必	ヒツ かならず		ビン まずしい	富	フ フウ とむ とみ
泌	ヒツ ヒ	賓 頻	ヒン ヒン	普 腐	フ フ くさる くされる くさらす
筆	ヒツ ふで	敏 瓶	ビン ビン		
姫	ひめ		**フ（ふ）**	敷	フ しく
百	ヒャク	不	フ		
氷	ヒョウ こおり ひ		ブ	膚 賦 譜 侮	フ フ フ ブ あなどる
		夫	フ フウ おっと		
表	ヒョウ おもて あらわす あらわれる	父	フ ちち		
		付	フ つける つく	武	ブ ム
俵	ヒョウ たわら			部 舞	ブ ブ まう まい
票 評 漂	ヒョウ ヒョウ ヒョウ ただよう	布	フ ぬの		
		扶 府 怖	フ フ フ こわい		
				封	フウ ホウ
標 苗	ヒョウ ビョウ なえ なわ			風	フウ フ かぜ かざ
		阜 附 訃 負	フ フ フ フ まける まかす おう		
秒 病	ビョウ ビョウ ヘイ やむ やまい			伏	フク ふせる ふす
				服 副 幅	フク フク フク はば
描	ビョウ えがく かく	赴	フ おもむく		
		浮	フ うく うかれる うかぶ うかべる		
猫	ビョウ ねこ			復 福 腹	フク フク フク はら
品	ヒン しな				
浜	ヒン はま	婦 符	フ フ	複	フク
貧	ヒン				

覆	フク	聞	ブン	壁	ヘキ
	おおう		モン	癖	ヘキ
	くつがえす		きく		くせ
	くつがえる		きこえる	別	ベツ
払	フツ	\multicolumn{2}{c|}{ヘ（へ）}		わかれる
	はらう			蔑	ベツ
沸	フツ	丙	ヘイ		さげすむ
	わく	平	ヘイ	片	ヘン
	わかす		ビョウ		かた
仏	ブツ		たいら	辺	ヘン
	ほとけ		ひら		あたり
物	ブツ	兵	ヘイ		べ
	モツ		ヒョウ	返	ヘン
	もの	併	ヘイ		かえす
粉	フン		あわせる		かえる
	こ	並	ヘイ	変	ヘン
	こな		なみ		かわる
紛	フン		ならべる		かえる
	まぎれる		ならぶ	偏	ヘン
	まぎらす		ならびに		かたよる
	まぎらわす	柄	ヘイ	遍	ヘン
	まぎらわしい		がら	編	ヘン
雰	フン		え		あむ
噴	フン	陛	ヘイ	弁	ベン
	ふく	閉	ヘイ	便	ベン
墳	フン		とじる		ビン
憤	フン		とざす		たより
	いきどおる		しめる	勉	ベン
奮	フン		しまる	\multicolumn{2}{c|}{ホ（ほ）}
	ふるう	塀	ヘイ		
分	ブン	幣	ヘイ	歩	ホ
	フン	弊	ヘイ		ブ
	ブ	蔽	ヘイ		フ
	わける	餅	ヘイ		あるく
	わかれる		もち		あゆむ
	わかる	米	ベイ	保	ホ
	わかつ		マイ		たもつ
文	ブン		こめ	哺	ホ
	モン	壁	ヘキ	捕	ホ
	ふみ		かべ		とらえる

	とらわれる	法	ホウ		妨	ボウ
	とる		ハッ			さまたげる
	つかまえる		ホッ		忘	ボウ
	つかまる	泡	ホウ			わすれる
補	ホ		あわ		防	ボウ
	おぎなう	胞	ホウ			ふせぐ
舗	ホ	俸	ホウ		房	ボウ
母	ボ	倣	ホウ			ふさ
	はは		ならう		肪	ボウ
募	ボ	峰	ホウ		某	ボウ
	つのる		みね		冒	ボウ
墓	ボ	砲	ホウ			おかす
	はか	崩	ホウ		剖	ボウ
慕	ボ		くずれる		紡	ボウ
	したう		くずす			つむぐ
暮	ボ	訪	ホウ		望	ボウ
	くれる		おとずれる			モウ
	くらす		たずねる			のぞむ
簿	ボ	報	ホウ		傍	ボウ
方	ホウ		むくいる			かたわら
	かた	蜂	ホウ		帽	ボウ
包	ホウ		はち		棒	ボウ
	つつむ	豊	ホウ		貿	ボウ
芳	ホウ		ゆたか		貌	ボウ
	かんばしい	飽	ホウ		暴	ボウ
邦	ホウ		あきる			バク
奉	ホウ		あかす			あばく
	ブ	褒	ホウ			あばれる
	たてまつる		ほめる		膨	ボウ
宝	ホウ	縫	ホウ			ふくらむ
	たから		ぬう			ふくれる
抱	ホウ	亡	ボウ		謀	ボウ
	だく		モウ			ム
	いだく		ない			はかる
	かかえる	乏	ボウ		頬	ほお
放	ホウ		とぼしい		北	ホク
	はなす	忙	ボウ			きた
	はなつ		いそがしい		木	ボク
	はなれる	坊	ボウ			モク
	ほうる		ボッ			き

朴	こ ボク	膜 枕 又 末	マク まくら また マツ		ない
牧	ボク			夢	ム
	まき				ゆめ
睦	ボク		バツ	霧	ム
僕	ボク		すえ		きり
墨	ボク	抹	マツ	娘	むすめ
	すみ	万	マン		
撲	ボク		バン	**メ（め）**	
没	ボツ	満	マン	名	メイ
勃	ボツ		**みちる**		ミョウ
堀	ほり		**みたす**		な
本	ホン	慢	マン	命	メイ
	もと	漫	マン		ミョウ
奔	ホン				いのち
翻	ホン	**ミ（み）**		明	メイ
	ひるがえる				ミョウ
	ひるがえ**す**	未	ミ		あかり
凡	ボン	味	ミ		あか**るい**
	ハン		あじ		あか**るむ**
盆	ボン		あじ**わう**		あか**らむ**
		魅	ミ		あきらか
マ（ま）		岬	みさき		あ**ける**
麻	マ	密	ミツ		あ**く**
	あさ	蜜	ミツ		あ**くる**
摩	マ	脈	ミャク		あ**かす**
磨	マ	妙	ミョウ	迷	メイ
	みがく	民	ミン		まよう
魔	マ		たみ	冥	メイ
毎	マイ	眠	ミン		ミョウ
妹	マイ		ねむ**る**	盟	メイ
	いもうと		ねむ**い**	銘	メイ
枚	マイ			鳴	メイ
昧	マイ	**ム（む）**			な**く**
埋	マイ	矛	ム		な**る**
	う**める**		ほこ		な**らす**
	う**まる**	務	ム	滅	メツ
	う**もれる**		つと**める**		ほろ**びる**
幕	マク		つと**まる**		ほろ**ぼす**
	バク	無	ム	免	メン
			ブ		まぬかれる

面	メン おも おもて つら	野	よ よる ヤ の や	幽 悠 郵 湧	いさむ ユウ ユウ ユウ ユウ
綿	メン わた	弥 厄 役	ヤ ヤク ヤク エキ	猶 裕 遊	わく ユウ ユウ ユウ
麺	メン	約 訳	ヤク ヤク わけ		ユ あそぶ
モ（も）		薬	ヤク くすり	雄	ユウ お おす
茂	モ しげる	躍	ヤク おどる	誘	ユウ さそう
模	モ ボ	闇	やみ	憂	ユウ うれえる うれい
毛	モウ け	**ユ（ゆ）**			うい
妄	モウ ボウ	由	ユ ユウ ユイ	融 優	ユウ ユウ やさしい
盲 耗	モウ モウ コウ	油	よし ユ あぶら		すぐれる
猛	モウ	喩	ユ	**ヨ（よ）**	
網	モウ あみ	愉 諭	ユ ユ さとす	与	ヨ あたえる
目	モク ボク め ま	輸 癒	ユ ユ いえる	予 余	ヨ ヨ あまる あます
黙	モク だまる	唯	いやす ユイ	誉	ヨ ほまれ
門	モン かど	友	イ ユウ	預	ヨ あずける
紋 問	モン モン とう とい とん	有 勇	とも ユウ ウ ある ユウ	幼 用	あずかる ヨウ おさない ヨウ
ヤ（や）					
冶 夜	ヤ ヤ				

	もちいる		やしなう		おとす
羊	ヨウ	擁	ヨウ	酪	ラク
	ひつじ	謡	ヨウ	辣	ラツ
妖	ヨウ		うたい	乱	ラン
	あやしい		うたう		みだれる
洋	ヨウ	曜	ヨウ		みだす
要	ヨウ	抑	ヨク	卵	ラン
	かなめ		おさえる		たまご
	いる	沃	ヨク	覧	ラン
容	ヨウ	浴	ヨク	濫	ラン
庸	ヨウ		あびる	藍	ラン
揚	ヨウ		あびせる		あい
	あげる	欲	ヨク	欄	ラン
	あがる		ほっする		
揺	ヨウ		ほしい	## リ（り）
	ゆれる	翌	ヨク		
	ゆる	翼	ヨク	吏	リ
	ゆらぐ		つばさ	利	リ
	ゆるぐ				きく
	ゆする	## ラ（ら）	里	リ
	ゆさぶる				さと
	ゆすぶる	拉	ラ	理	リ
葉	ヨウ	裸	ラ	痢	リ
	は		はだか	裏	リ
陽	ヨウ	羅	ラ		うら
溶	ヨウ	来	ライ	履	リ
	とける		くる		はく
	とかす		きたる	璃	リ
	とく		きたす	離	リ
腰	ヨウ	雷	ライ		はなれる
	こし		かみなり		はなす
様	ヨウ	頼	ライ	陸	リク
	さま		たのむ	立	リツ
瘍	ヨウ		たのもしい		リュウ
踊	ヨウ		たよる		たつ
	おどる	絡	ラク		たてる
	おどり		からむ	律	リツ
窯	ヨウ		からまる		リチ
	かま		からめる	慄	リツ
養	ヨウ	落	ラク	略	リャク
			おちる	柳	リュウ

常用漢字表 157

	やなぎ		かて	励	レイ
流	リュウ	力	リョク		はげむ
	ル		リキ		はげます
	ながれる		ちから	戻	レイ
	ながす	緑	リョク		もどす
留	リュウ		ロク		もどる
	ル		みどり	例	レイ
	とめる	林	リン		たとえる
	とまる		はやし	鈴	レイ
竜	リュウ	厘	リン		リン
	たつ	倫	リン		すず
粒	リュウ	輪	リン	零	レイ
	つぶ		わ	霊	レイ
隆	リュウ	隣	リン		リョウ
硫	リュウ		となる		たま
侶	リョ		となり	隷	レイ
旅	リョ	臨	リン	齢	レイ
	たび		のぞむ	麗	レイ
虜	リョ				うるわしい
慮	リョ	**ル（る）**		暦	レキ
了	リョウ	瑠	ル		こよみ
両	リョウ	涙	ルイ	歴	レキ
良	リョウ		なみだ	列	レツ
	よい	累	ルイ	劣	レツ
料	リョウ	塁	ルイ		おとる
涼	リョウ	類	ルイ	烈	レツ
	すずしい		たぐい	裂	レツ
	すずむ				さく
猟	リョウ	**レ（れ）**			さける
陵	リョウ	令	レイ	恋	レン
	みささぎ	礼	レイ		こう
量	リョウ		ライ		こい
	はかる	冷	レイ		こいしい
僚	リョウ		つめたい	連	レン
領	リョウ		ひえる		つらなる
寮	リョウ		ひや		つらねる
療	リョウ		ひやす		つれる
瞭	リョウ		ひやかす	廉	レン
糧	リョウ		さめる	練	レン
	ロウ		さます		ねる

錬	レン		
ロ（ろ）		**ワ（わ）**	
呂	ロ	和	ワ
炉	ロ		オ
賂	ロ		やわらぐ
路	ロ		やわらげる
	じ		なごむ
露	ロ		なごやか
	ロウ	話	ワ
	つゆ		はなす
老	ロウ		はなし
	おいる	賄	ワイ
	ふける		まかなう
労	ロウ	脇	わき
弄	ロウ	惑	ワク
	もてあそぶ		まどう
郎	ロウ	枠	わく
朗	ロウ	湾	ワン
	ほがらか	腕	ワン
浪	ロウ		うで
廊	ロウ		
楼	ロウ		
漏	ロウ		
	もる		
	もれる		
	もらす		
籠	ロウ		
	かご		
	こもる		
六	ロク		
	む		
	むつ		
	むっつ		
	むい		
録	ロク		
麓	ロク		
	ふもと		
論	ロン		

改訂版 警察官 必須漢字	
平成 2年 3月10日	初 版 発 行
平成10年 3月10日	二 訂 版 発 行
平成14年 3月10日	三 訂 版 発 行
平成16年 2月20日	四 訂 版 発 行
平成17年 3月25日	五 訂 版 発 行
平成18年 3月15日	六 訂 版 発 行
平成23年 2月 1日	七 訂 版 発 行（改訂版）
令和 5年 2月20日	七訂版14刷発行

編 集　警察学校教養研究会
発行者　星　沢　卓　也
発行所　東京法令出版株式会社

112-0002	東京都文京区小石川 5 丁目17番 3 号	03(5803)3304
534-0024	大阪市都島区東野田町 1 丁目17番12号	06(6355)5226
062-0902	札幌市豊平区豊平 2 条 5 丁目 1 番27号	011(822)8811
980-0012	仙台市青葉区錦町 1 丁目 1 番10号	022(216)5871
460-0003	名古屋市中区錦 1 丁目 6 番34号	052(218)5552
730-0005	広島市中区西白島町11番 9 号	082(212)0888
810-0011	福岡市中央区高砂 2 丁目13番22号	092(533)1588
380-8688	長野市南千歳町1005番地	
	〔営業〕TEL 026(224)5411　FAX 026(224)5419	
	〔編集〕TEL 026(224)5412　FAX 026(224)5439	
	https://www.tokyo-horei.co.jp/	

© Printed in Japan, 1990
　本書の全部又は一部の複写、複製及び磁気又は光記録媒体への入力等は、著作権法上での例外を除き禁じられています。これらの許諾については、当社までご照会ください。
　落丁本・乱丁本はお取替えいたします。
ISBN978-4-8090-1248-8